Ole Hallesby
Dein Typ ist gefragt

Ole Hallesby

Dein Typ ist gefragt

Unsere Veranlagungen und was wir daraus machen können

R. BROCKHAUS VERLAG WUPPERTAL

Bücher, die dieses Zeichen tragen, wollen die Botschaft von Jesus Christus in unserer Zeit glaubhaft bezeugen.

Das ABCteam-Programm umfaßt in seiner Hauptreihe:
A = aktuelle Themen
B = Berichte, Erzählungen, Lebensbilder
C = Christsein heute

Als Sonderreihen erscheinen Jugendbücher (J), Werkbücher (W), Glauben und Denken (G + D).

Außerdem gibt es Geschenkbücher in besonderer Ausstattung.

ABCteam-Bücher erscheinen in folgenden Verlagen:
Aussaat Verlag Wuppertal / R. Brockhaus Verlag Wuppertal
Brunnen Verlag Gießen / Christliches Verlagshaus Stuttgart
Oncken Verlag Wuppertal / Schriftenmissions-Verlag Gladbeck

ABCteam-Bücher kann jede Buchhandlung besorgen.

Originaltitel: TEMPERAMENTENE I KRISTELIG LYS
Übersetzt von Mien Snitselaar

Umschlaggrafik: Jürgen Jurgowiak, Mettmann
Druck: Herm. Weck Sohn, Solingen

ISBN 3-417-00500-0

INHALTSVERZEICHNIS

Ziel dieses Buches ist es, dem Leser zu helfen, daß er die besonderen Möglichkeiten und Gefahren, die in seiner eigenen Persönlichkeit liegen, im Licht von Gottes Wort erkennt.

Ich bete, daß meine vielen Freunde Hilfe und Segen aus der Lektüre dieses Buches empfangen mögen.

TEMPERAMENT

Die ganze Natur spiegelt Gottes Größe und den Glanz seiner Schöpfermacht. Das Leben in seiner bloßen Existenz ist ein Spiegel Gottes. Schon die einfachsten Lebensformen enthüllen etwas von Gott, was kein lebloses Ding ausdrücken kann. Das Leben, dieses letzte Rätsel, das kein Mensch gelöst hat, obwohl die größten Geister aller Zeiten sich darum bemühten, dieses Leben sagt aus über Gott, den unerforschlichen, unfaßbaren Gott. Denn alles Leben hat seine Quelle in Gottes Leben, und so breitet sich das unbegreifliche Geheimnis in Gottes Leben durch alles Lebendige bis in die einfachsten Arten hin aus.

Zur geheimnisvollen Natur des Lebens gehört ein angeborener Drang zu individualisieren, allem Lebendigen eine bestimmte Prägung zu geben. Wenn wir bei den einfachen Lebensformen unterschiedliche Merkmale nur schwer feststellen, so unterliegen sie dem Individualisierungsprozeß doch genau so wie die höheren Geschöpfe.

Ein erstaunliches Beispiel dafür, wie sehr alles Leben nach Vielfalt drängt, finden wir an den Blättern eines Baumes. Kein Blatt gleicht dem anderen.

Mehr noch: Wir wissen, daß keine zwei Menschen auf der Welt identische Fingerabdrücke haben. Der Abdruck kann deshalb dazu benutzt werden, eine Person, die versucht, sich unkenntlich zu machen, zu identifizieren.

Es leuchtet ein, daß um so weniger Möglichkeiten für individuelle Unterschiede gegeben sind, je einfacher das Lebewesen ist. Umgekehrt, je komplizierter die Form, um so zahlreicher sind die Möglichkeiten zur individuellen Ausformung. So können zum Beispiel zwei Hunde viel mehr unterscheidende Merkmale aufweisen als zwei Mücken.

Bedenkt man, daß der Mensch das Geschöpf mit den meisten Möglichkeiten für individuelle Unterschiede ist, so versteht man, daß dementsprechend der Mensch das vollste Leben genießt. Das drückt sich auch in den drei verschiedenen Bereichen des Lebens aus: dem physischen, dem seelischen und dem geistigen.*

Das heißt: Es lassen sich persönliche Unterschiede in jedem Bereich des menschlichen Lebens finden. Dabei treten körperliche Unterschiede auffallend in Erscheinung. Sind etwa zwei von den Tausenden von Personen, denen wir begegnen, einander völlig gleich? Zwillinge mögen einander überraschend ähneln, trotzdem gibt es keine vollkommen identischen Zwillinge.

Viel größer noch sind die Möglichkeiten individueller Unterschiede im seelischen Bereich, denn das Leben der Seele ist reicher als das des Körpers. Und das Phänomen, das wir untersuchen wollen — das Temperament —, ist gerade eines jener seelischen Elemente, die für die Ausprägung der individuellen Persönlichkeit verantwortlich sind.

Wir wollen, um unsere Überlegungen auf eine breitere Basis zu stellen, zuerst an einige andere Faktoren erinnern, die auch dazu helfen, der Person ihren individuellen Stempel aufzudrükken.

Da sind die *rassischen* Merkmale. Bei den meisten Rassen sind die unterscheidenden Merkmale sehr auffallend. Man erkennt typische geistige, seelische, körperliche Kennzeichen. Die rassischen Charakteristika sind zäh und setzen sich noch in Rassenmischungen durch.

Ferner gibt es Unterscheidungen nach Heimat und *Nationalität*. Obwohl sie sich nicht so stark behaupten wie die rassischen, tragen sie doch dazu bei, jedem Volk eine eigene Prägung zu geben. Man denke zum Beispiel nur an die Abweichungen zwischen so eng verwandten Völkern wie den Norwegern, Schweden und Dänen. Oder zwischen Holländern und Deutschen, zwischen Norddeutschen und Süddeutschen.

Dann haben wir den Unterschied der *Geschlechter*, der unausrottbar ist. Jeder, ohne Unterschied von Rasse und Nationali-

* Ich gebrauche die dreifache Einteilung – Körper, Seele, Geist – im Sinne der Schrift als Synonym zu dem einfachen Ausdruck *Leib und Seele*. Der Gedanke ist der gleiche. Wird der zweifache Ausdruck gebracht, so bezeichnet der *Leib* das, was sonst mit *Körper und Seele* gemeint ist, und *Seele* steht dann für *Geist*.

tät, ist ihm unterworfen. Die Verschiedenheit der Geschlechter geht weiter, als die gegenwärtige Generation es wahrhaben will. Wird sie nicht beachtet, muß das menschliche Leben etwas von seinem besonderen Reichtum einbüßen. Der bemerkenswerte Wunsch vieler Frauen, sich dem Mann so weit wie möglich anzugleichen, ist krankhaft. Noch gefährlicher wird es, wenn gleichzeitig eine Neigung zur Verweiblichung bei den Männern auftritt.

Endlich müssen wir an die *Altersstufen* erinnern. Sie arbeiten an der ganzen Menschheit ohne Rücksicht auf Rasse, Nationalität oder Geschlecht. Aber sie hinterlassen nicht, wie die anderen Variationstypen, eine beständige Wirkung im Leben des Individuums. Mit wachsendem Alter ändern sich die persönlichen Charakteristika. Studiert man vier nebeneinander gelegte Photographien einer Person, die sie mit einem, fünfzehn, vierzig und achtzig Jahren darstellen, so bekommt man ein unvergeßliches Bild der Wandlungen, die mit den Jahren vor sich gehen.

In dieser Serie von typischen Unterschieden haben auch die Unterschiede im *Temperament* ihren Platz.

Temperament wird von Geist und Seele bestimmt und drückt sich körperlich aus, weil die Seele immer auf den Körper einwirkt und sich durch ihn auswirkt. So spiegelt sich das Temperament in der Erscheinung und in den Bewegungen des Körpers wider, und da besonders im Gesicht eines Menschen: in seinen Zügen, die das Temperament dem Gesicht aufgeprägt haben, und im jeweiligen Ausdruck von Freude oder Schmerz, Hoffnung oder Resignation.

Die bestimmte Prägung, die von der Seele ausgeht und die wir Temperament nennen, ist angeboren. Das heißt, das Temperament war schon in uns, ehe unser Bewußtsein und unser Wille zu funktionieren begannen. Es bleibt unser ganzes Leben lang von unserem bewußten Sein unabhängig. Sicher können wir mit Verstand und Willen unser Temperament beeinflussen, und das sollen wir sogar. Aber das Temperament sitzt tiefer als das *Bewußtsein*. Das zeigt sich schon darin, daß sich unser Temperament am deutlichsten zeigt, wenn Bewußtsein und Wille unser Verhalten gerade am wenigsten kontrollieren.

Also wurzelt das Temperament in jenem Bereich unseres

Seins, den wir das Unbewußte oder das Unterbewußtsein nennen. Das ist der Bereich, in den wir mit dem Intellekt nicht eindringen können, und über den der Wille nur sehr begrenzte Kontrolle hat. Aus diesem Grunde spielt das Temperament solch eine wichtige Rolle in unserem geistigen und geistlichen Leben. Aus dem Unterbewußtsein überflutet und beeinflußt es unaufhörlich unser bewußtes Leben, indem es sich mit instinktiver Kraft und Zähigkeit durchsetzt.

Temperament braucht nicht von bewußtem Denken und Wollen angeregt werden. Es arbeitet automatisch und zwingt sich selbst unaufhörlich dem Leben der Seele auf. Keine freiwillige oder unfreiwillige Handlung des Geistes kann zustande kommen, ohne daß sie in gewissem Grade vom Temperament beeinflußt wird.

Es ist wie beim Quellwasser, das seine Farbe oder den Eisengehalt aus Schichten tief unten in der Erde mitbringt. Alles aus dieser Quelle fließende Wasser ist von gleicher Natur. Es liegt dann bei uns, ob wir es nützen wollen oder nicht, wofür wir es verwenden und ob wir es so, wie es ist, gebrauchen oder irgendwie verbessern wollen.

Obwohl das Temperament im Unterbewußten wurzelt, übt es einen unausweichlichen Einfluß auf unser bewußtes Leben — unsere Regungen, unseren Verstand und Willen — aus. Wir werden die Wege bedenken müssen, auf denen wir mit Hilfe von bewußter Anstrengung und bewußtem Willen dem Temperament entgegenwirken wollen oder müssen oder gar ihm zu entfliehen versuchen. Um es gleich hier zu sagen: Keiner entkommt seinem Temperament, und wir sollten es auch gar nicht erst versuchen. Genauso wenig wie ein normaler Mensch ohne Sex geboren wird, kommt er ohne Temperament auf die Welt. Diese instinktive Kraft gibt unserem geistigen und geistlichen Leben jene Note, die uns als Typ mehr oder weniger von der ersten Lebensstunde bis zur letzten bestimmt.

Man darf diese Wahrheit nicht so verstehen, als hätte Temperament im Leben eines Menschen etwas mit *Charakter* zu tun. Ebensowenig hat es mit *Moral* zu tun. Eine ganz andere Sache ist die Feststellung, daß das Temperament mit Hilfe von Verstand und Willen dem Guten oder Schlechten dienstbar gemacht werden kann. Wie dies geschieht, wollen wir ja gerade untersuchen.

Dieses Temperament hat mit dem Funktionieren des Seelenlebens zu tun. Es berührt eine Taste oder Saite der Seele und bringt sie zum Schwingen. Außerdem gibt es das Tempo an, das den natürlichen Rhythmus von Seele und Leib regelt.

Beide, die Schwingung und der Rhythmus, hängen davon ab, wie das Temperament die verschiedenen Elemente unseres Lebens — unser Fühlen, unser Verstehen, unser Wollen — in Beziehung zueinander bringt; anders ausgedrückt: wie es auf diesem Instrument spielt. Wie die großen Musikwerke aus wenigen Noten, nur durch Veränderung ihrer Beziehung zueinander, komponiert worden sind, so setzen sich die verschiedenen Temperamente aus den verschiedenen Grundtönen der Seele zusammen, die sich zu endlosen Variationen miteinander verbinden lassen.

Das Wort »Temperament« ist bekannt genug. Wir alle wissen einigermaßen, was damit gemeint ist. Doch wollen wir, ehe wir die verschiedenen Temperamente im einzelnen genauer prüfen, das Wort noch einmal ansehen:

»Temperament« stammt aus dem Lateinischen und meint die *»richtige Mischung«* — in diesem Fall die Mischung der Körpersäfte.

Es bezieht sich auf die alte medizinische Vorstellung, daß der Körper vier Flüssigkeiten oder Säfte enthalte, nämlich Blut (sanguis), Cholos oder gelbe Galle, Melancholos oder schwarze Galle und Phlegma oder Schleim. Man meinte, daß die Temperamentsunterschiede der Menschen von der verschiedenen Mischung dieser Säfte abhinge. Man teilte die Temperamente in vier Typen, je nachdem, welche Flüssigkeit in der Mischung vorherrschte. So kam man zum *sanguinischen,* vollblütigen, warmen, lebendigen, zum *melancholischen,* dunklen, düsteren, *cholerischen,* heißen, heftigen und zum *phlegmatischen,* kühlen, langsamen und trägen Temperament.

Diese Auffassung wurde natürlich schon lange als ungenügend erkannt. Wir glauben nicht mehr, daß die Temperamente durch Körpersäfte oder durch etwas anderes Körperliches bestimmt werden. Aber die Bezeichnungen sind geblieben und mit ihnen die vier Typen.

Jetzt ist die Frage, was wir denn wirklich meinen, wenn wir vom Temperament und von den verschiedenen Temperamenten reden.

Manche werden antworten: »Unter Temperament versteht man den angeborenen Grundriß der Seele, der davon abhängt, welches der drei Lebenselemente über die anderen vorherrscht.« Dieser Definition entspricht die Einteilung der Individuen in *impulsive, nachdenkliche* oder *willensstarke.*

Es gibt keinen gewichtigen Einwand gegen diese Definition. Aber sie bricht mit der traditionellen Lehre von den Temperamenten, während sie gleichzeitig den altgewohnten Ausdrükken etwas fremdartiges hinzufügt. Man läßt mit diesem System die klassische Bezeichnung der vier Typen fallen und trifft statt dessen eine dreifache Einteilung.

Die übliche Definition des Temperamentes lautet anders. Sie trägt zwar den vielen möglichen Kombinationen oder Mischungen der drei »Lebenselemente«: Emotion, Intellekt und Willen Rechnung. Aber wenn man vom Temperament spricht, hat man nicht wirklich die Beziehungen dieser drei Möglichkeiten zueinander im Sinn.

Andere würden erklären, die Temperamentsunterschiede hingen von der Art ab, mit der jemand auf die Eindrücke, die er von seiner Umgebung empfängt, reagiert. Der Ausdruck *»reagiert«* meint wörtlich »zurückwirkt« oder »zurückhandelt«. Im Bereich der Psychologie bedeutet er jede seelische Aktivität, die von irgendeinem äußeren Einfluß oder Anreiz ausgelöst wird.

Das würde heißen: Temperament ist *die wesentliche Antwort der Seele auf ihre Umgebung.*

Dies ist zweifellos eine äußerst direkte Antwort, die von der Tatsache ausgeht, daß man sehr leicht beobachten und verstehen kann, wie die Umgebung Gefühl, Intellekt und Willen anspricht. Die Unterschiede im Temperament werden danach an den Unterschieden der von der Umgebung ausgelösten Antworten oder Handlungen des Geistes und der Seele erkannt. Wird man im Gefühlsbereich, im Geist oder im Willen am ersten und am stärksten zur Tat gedrängt? Werden zwei dieser Kraftfelder besonders stark auf Kosten des dritten angeregt? Oder reagieren alle drei gleich stark?

Ehe wir in der Untersuchung der verschiedenen Temperamente weitergehen, müssen wir eine vorbeugende Feststellung machen: Die Menge der Temperamentsarten läßt sich überhaupt nicht ermessen. Sie werden im Leben niemals genau so vorgefunden, wie wir sie hier beschreiben. Jede Person entwickelt eine Art Gemisch von Temperamenten, und kein Individuum kann als Beispiel eines einfachen, »reinen« Temperaments dienen.

Mancher wird fragen: »Warum beschreiben Sie dann die vier, wenn man sie niemals im Leben so antrifft, wenn sie also nur in unserer Vorstellung existieren? Warum beschreiben Sie nicht wirkliche, statt in ein System gepreßte Personen?«

Die Antwortet lautet: Alles Denken besteht darin, einzelne Phänomene Gruppen von verwandten Phänomenen zuzuordnen; diese Gruppen nennen wir Konzepte oder Ideen. Wir schließen unter dem Sammelausdruck *Stein* alle Steine ein, ohne dabei verschiedene Typen oder Arten in Farbe, Form, Größe, Gewicht, Härte oder Wert zu unterscheiden. Aber wir verstehen alle, daß ein solcher Stein im allgemeinen Sinn nicht existiert. Es handelt sich um ein Konzept, das nur in unserer Vorstellung vorhanden ist.

Trotzdem sind solche Konzepte oder Entwürfe von großer Bedeutung. Sie verhelfen uns zu einem umfassenden Blick auf die Dinge und — mit Hilfe der Einordnung aufgrund eines Konzeptes — zum Verständnis der Beziehungen zwischen den unendlich mannigfaltigen Eindrücken des täglichen Lebens. Überlegen wir doch einen Augenblick, was es bedeuten würde, wenn wir solche allgemeinen Konzepte, solche allgemeinen Ausdrücke wie Mensch, Tier, Baum, Stein, Wasser, Pferd, Hund, Kuh oder Katze nicht hätten! Ebenso naheliegend und nützlich ist es für uns, die vielfältigen Züge der Persönlichkeit in spezifischen Konzepten zu sammeln, die wir mit dem Namen der vier Temperamente bezeichnen.

Was ich sage, ist von mehr als nur theoretischem Interesse; es ist von praktischer Bedeutung. Von Anfang an müssen wir verstehen, daß niemand von uns eines der Temperamente in so extremer oder idealer Form besitzt, wie wir sie hier beschreiben. Wir alle haben Kombinationen von Temperamenten, und keiner hat die gleiche Kombination. Wenn wir zum Beispiel von jemandem sagen, er ist Sanguiniker, so meinen wir damit sicher nicht, daß ihm andere Züge fehlen, sondern nur, daß das Sanguinische in seiner Temperamentsmischung vorherrscht. Und gerade das können wir bei den meisten Kombinationen beobachten: dieses Zusammenspiel eines vorherrschenden Temperaments mit begleitenden Zügen eines oder aber drei anderer. Und gerade hier liegt eine Chance der Korrektur — eine Chance, wie wir sehen werden.

I. Das sanguinische Temperament

Das Wort »sanguinisch« kommt vom lateinischen *»sanguis«* und bedeutet Blut. Weil das Blut die warme Flüssigkeit des menschlichen Körpers ist, wurde »sanguinisch« zur Bezeichnung des warmen, heiteren, lebhaften Temperaments.

Der Sanguiniker hat seiner Umgebung gegenüber eine starke *Aufnahmefähigkeit.* Die Eindrücke von außen finden leicht Zugang zu Verstand und Herz. Eine Erklärung für diese Empfänglichkeit des Geistes liegt in der Tatsache, daß beim sanguinischen Temperament die Gefühle vorherrschen. Und die Gefühle des Menschen werden durch äußere Eindrücke am leichtesten angeregt.

Sobald der Sanguiniker etwas sieht oder hört, wird nicht sein Verstand am stärksten angesprochen; er verliert sich nicht in Erwägungen und Überlegungen, noch viel weniger in Grübeleien. Er hält sich beim Denken nicht auf, sondern seine Antwort ist ursprünglich und schnell.

Auch sein Wille wird nicht gleich bewegt. Er setzt Erfahrungen nicht in Entschlüsse und Taten um. Überhaupt ist Tätigkeit kein besonders ausgeprägter Charakterzug dieses Typs.

Das bedeutet aber nicht, daß der Sanguiniker ruhig und still wäre. Im Gegenteil, er ist aktiv und ruhelos. Aber seine Aktivität rührt nicht von einem Entschluß her, mit seiner Umgebung fertig zu werden. Vielmehr entspringt die Ruhelosigkeit seiner empfänglichen Natur. Äußere Eindrücke regen ihn zwar rasch an, bewegen ihn aber nicht dazu, sich mit dem, was ihm entgegentritt, auseinanderzusetzen.

Seine Ruhelosigkeit entsteht aus dem großen Ansturm von Eindrücken, die sich in seinem offenen, empfänglichen Geist drängen. Aber auch aus dem Impuls, sich diesen Eindrücken auszuliefern. Er erträgt es nicht, daß ihm etwas verlorengeht von dem, was nicht nacheinander, sondern gleichzeitig auf ihn einprallt. Während solche Eindrücke andere zur Tat anreizen und zum Überlegen zwingen, bringen sie dem Sanguiniker *Stimmung,* die ihm zum Wesentlichen wird.

Darum hat man das sanguinische Temperament mit Recht das *fröhliche* genannt. Wie gesagt, führt das, was der Sanguiniker erfährt, ihn zunächst meist nicht zum Denken oder Handeln. Er genießt es nur. Und zum Genuß hat er eine ungewöhnliche Fähigkeit, weil er von allen Begebenheiten schnell und intensiv angerührt wird.

Seine Gefühle sind leicht zu wecken. Ein Sonnenstrahl, ein Schmetterling, eine kleine Blume genügen, um ihn froh und glücklich zu machen. Das rührt daher, daß die Eindrücke ungehindert von irgendwelchen Erwägungen in sein emotionales Leben einströmen. Er überläßt sich schlicht der geweckten Stimmung.

Da er für viele Eindrücke offen ist, wechseln seine Gefühle schnell. Er lebt ein reiches, vielfältiges Leben, in dem ständig neue Eindrücke die alten verdrängen und jede Stimmung ohne Bruch in die nächste übergeht.

Der Sanguiniker ist unbefangen und direkt. Er ist ein großes Kind, und wie die Kinder denkt er laut. Seine Worte kommen schnell und leicht.

Seine Rede wird nicht von störenden Überlegungen gehemmt und ebensowenig von allzu bewußtem Planen und Entschließen. Sie ist frei und ungezwungen. Seine Worte sind lebhaft, frisch und voll Wärme, denn sie entspringen einer reichen, sensitiven Natur.Seine Unterhaltung wirkt ansteckend und erweckt im Zuhörer eine Stimmung, die seiner eigenen gleicht.

Wir alle kennen gewisse Leute, die über die gewöhnlichsten, unbedeutendsten Dinge in einer Art sprechen können, die Interesse und Sympathie erweckt. Wir lauschen ihnen aufmerksam und mit ganzem Herzen.

Wir sprechen gern mit solchen Menschen. Es ist eine Art Erlebnis, obwohl vielleicht das, worüber wir reden, ziemlich unwichtig ist. Die Erklärung: Das sanguinische Temperament gewinnt uns durch seine besonders liebenswürdige, lebhafte Art.

Der Sanguiniker schließt leicht Freundschaften und Bekanntschaften. Seine ungekünstelte, spontane und heitere Natur öffnet ihm Türen und Herzen. Zu Hause oder unterwegs, bei der Arbeit oder in der Muße, zu Land oder zur See — überall ist er offenherzig, redselig, fröhlich und unterhaltsam.

Sind wir ihm nicht alle schon einmal begegnet — vielleicht im Zug? In unserer charakteristischen nordischen Art saßen wir in äußerstem Schweigen da und zeigten kein Interesse an unseren Mitreisenden. Da kam dieser fröhliche Kamerad herein. Und unter so vielen Menschen, wo so viele Eindrücke auf ihn einstürmten, konnte er nicht ruhig bleiben. Er redete, lächelte, lachte und erwärmte unsere Herzen. Das ganze Abteil schien verändert. Wir saßen jetzt wie natürliche, einfache Menschen da, die eine fröhliche anregende Zeit zusammen verbrachten.

Wenn ein Sanguiniker dabei ist, wird es nur selten langweilig!

Irgend etwas passiert ihm immer und er erzählt uns ausführlich davon. Oft überrumpelt er uns auch. Man kann nie vorhersagen, was kommt. Sein Leben wird nicht von Regeln und Ordnungen bestimmt, und es kann ihm pasieren, daß er sich plötzlich am Rande der Gesellschaft wiederfindet.

Er ist eben *allen* Eindrücken offen — nicht nur den erfreulichen und belebenden, sondern ebenso den dunklen und entmutigenden. Ein kleines Mißgeschick, eine kleine Enttäuschung, eine kleine Störung oder Beleidigung — wie kann er da entmutigt und verzweifelt sein! In Sorge und Widerwärtigkeit ist er untröstlich, und die Tränen sind ihm immer nahe.

Trotzdem bleibt er sein eigenes wechselhaftes Selbst. Im nächsten Augenblick mag sich etwas Angenehmes oder Komisches ereignen, und die Tränen versiegen. Sein Lachen ist wieder glücklich und herzlich.

Er ist den sonderbarsten Gegensätzen, den eigenartigsten plötzlichen Stimmungsumschwüngen unterworfen. In solchen Zeiten können jene, welche die sanguinische Natur nicht verstehen, ihn leicht falsch beurteilen. Aber wenn wir uns mit seinem wechselhaften Temperament abgefunden haben, lernen wir diese plötzlichen Veränderungen verstehen und beurteilen sie als Ausfluß seiner impulsiven Natur.

Der Sanguiniker ist ein Mensch mit warmem Gefühl. Natürlich kann auch er die Ruhe verlieren, und dann ist er wirklich zornig. Seine Augen schießen Blitze, aber reden kann er immer noch! Er hält sich selten zurück, sondern spricht seine Meinung augenblicklich aus, und seine Worte sind, wie gewöhnlich, lebhaft und nachdrücklich.

Beim Sanguiniker dauert aber nichts sehr lange, nicht einmal sein Ärger. Neue Eindrücke stürmen auf ihn ein. Der Mensch, mit dem er böse war, tut ihm leid und er beginnt sich zu schämen. Die Sache, die ihm im Augenblick des Zornes so wichtig vorkam, erscheint jetzt unbedeutend, und er versteht nicht mehr, wie er über solch eine Kleinigkeit so bitter werden konnte. Meist dauert es nicht lange, bis er bereit ist, das Ganze zu vergessen.

Niemand läßt sich schneller herbei, um Entschuldigung zu bitten, als der Sanguiniker. Psychologisch erklärt sich das aus seinem Typ, der an schnellen Gefühlswechsel gewöhnt ist. Außerdem hilft ihm seine warme, sensible Natur. Und wenn er um Entschuldigung bittet, tut er es aus ganzem Herzen.

STÄRKEN DES SANGUINISCHEN TEMPERAMENTS

Der Sanguiniker hat die von Gott gegebene Fähigkeit, in der Gegenwart zu leben.

Wir alle sollten in der Gegenwart leben, tun es aber nur selten. Manche von uns leben in der Vergangenheit, wo Erinnerungen uns ganz in Anspruch nehmen, andere in der Zukunft, und die lassen sich in Sorgen verstricken. Beide Haltungen hindern uns an einem wirklich erfüllten Leben, nämlich am Leben in der Gegenwart. Wir erlauben den gegenwärtigen Eindrücken nicht, auf uns zu wirken, und versagen uns, jetzt in den Augenblick einzutreten, ehe seine dahinfließenden Gelegenheiten vorbei sind.

Nur Gott lebt vollkommen in der Gegenwart, denn er ist ewig. Kein menschlicher Geist kann erfassen, was Ewigkeit ist. Wir können höchstens etwas darüber aussagen, was sie nicht ist. Ich glaube, Gottes Ewigkeit hängt gerade damit zusammen, daß er im ewigen *Jetzt* lebt. Von Ewigkeit zu Ewigkeit ist alles vor Gott in einem gegenwärtigen *Jetzt* zusammengefaßt.

Das hat Jesus von Gott offenbart. Über Jesu ganzem Leben steht etwas Ewiges, Zeitloses; deshalb lebte er jederzeit vollkommen in der Gegenwart. Man muß die verschiedenen Berichte über ihn lesen, dann erkennt man, wie in allen seinen Worten und Taten seine ganze Persönlichkeit konzentriert ist. Ob er mit seinen Freunden sprach oder seine Feinde tadelte, er lebte und handelte ganz und gar im gegenwärtigen Augenblick.

Wir leben nicht in der Gegenwart. Scheint vielleicht deshalb unser Leben oft so belanglos? Wir konzentrieren unsere Energien nicht, wir verzetteln sie. Statt *jetzt* zu leben und zu handeln, beschäftigen wir uns teils mit der Vergangenheit, teils mit der Zukunft.

Der Sanguiniker ist Realist. Er wirft sich immer der gegenwärtigen Situation in die Arme. Er lebt *jetzt.*

Er kann sich in die Gedanken und Gefühle anderer versetzen

Das kann er wegen seiner aufnahmefähigen, mitfühlenden Natur. Er kann sich gut auf seine Umgebung einstellen. So bewegt er sich mit Leichtigkeit durch alle Schichten der Bevölkerung. Wir mögen Menschen, die sich an uns und unseren Angelegenheiten interessieren. Ja, wir finden niemanden interessanter als den, der sich für uns interessiert.

Hier liegt die Stärke des Sanguinikers. Er versetzt sich ganz natürlich in das Leben und die Interessen seiner Mitmenschen. Er kann zu den anderen mit ehrlicher Wärme reden, weil seine Gefühle aufrichtig dabei sind.

Niemand kann charmanter sein als der Sanguiniker. Seine natürliche Anmut zieht uns alle an und erobert uns. Er scheint jede Tür öffnen zu können. Allerdings hat er die Neigung, sie auch mit Leichtigkeit wieder zu schließen. Aber dieser Fehler kann die Tatsache nicht verdrängen, daß er einen ungeschriebenen Empfehlungsbrief bei sich trägt, der ihm Möglichkeiten eröffnet, wofür andere mit allen Kräften des Verstandes und Willens kämpfen müssen. Diese anderen können trotzdem versagen, wo der Charme des Sanguinikers mühelos gewinnt.

Kein anderer hat von Natur eine solche Eignung, Karriere zu machen wie er. Aber natürlich hängt eine erfolgreiche Laufbahn auch vom Charakter ab. Nun ist aber Charakter, wie wir bald sehen werden, oft die Schwäche des Sanguinikers. Im allgemeinen nützt er die glänzenden Gelegenheiten, die das Leben ihm ununterbrochen bietet, nicht aus.

Der Sanguiniker ist fein empfindend und mitfühlend

Man kann wirklich sagen, daß er sich freut mit den Fröhlichen und trauert mit den Trauernden. Und zwar ohne jede Anstrengung, einfach, weil dies ein Teil seiner Natur ist.

Es ist schön, einen Sanguiniker zu treffen, wenn man glücklich ist. Er stört das Glück nicht durch Skepsis, Kritik oder dadurch, daß er es lächerlich macht. Ohne irgendeinen Einwand teilt er augenblicklich die Freude. Wir alle schätzen Menschen, die uns die Freude nicht vergällen, sondern sie im Gegenteil sogar erhöhen.

Auch wenn man Kummer hat, tut es einem wohl, einen sanguinischen Freund zu treffen. Vielleicht ist das, was er sagt, nicht von besonderer Bedeutung. Aber wer kann einem schon durch Worte eine wirkliche Hilfe bringen, wenn schwere Sorgen drücken? Schau, wie auch der Sanguiniker das intuitiv fühlt. Deshalb schenkt er mehr als Worte. Er läßt sein Mitgefühl erkennen. Und gibt es denn etwas Tröstlicheres? Er erfaßt mit dem Herzen, was viele andere nicht verstehen können, wie tüchtig oder geistreich sie auch sein mögen.

Darum eignet sich der Sanguiniker von Natur aus für die Krankenpflege. Wenn er außerdem einen festen Charakter entwickelt, kann ihn niemand in diesem Beruf übertreffen. Er entgeht leichter als andere der Abgebrühtheit, die sich bei erfahrenen Schwestern oder Pflegern oft einstellt.

Ferner hat der Sanguiniker eine angeborene Eignung für den Umgang mit Kindern. Er ist ja in gewissem Sinne selbst ein Kind und bleibt es sein ganzes Leben lang.

Kinder fühlen sich von ihm angezogen, denn er ist einfach und offen. Er erlebt alles konkret, und wenn er seine Erlebnisse beschreibt, ist es den Kindern, als wären sie selber dabei gewesen. Daher hängen sie an ihm, wohin er geht. Keiner hat solch ein Talent, sei es als Mutter, Vater, Lehrer oder Angestellter, mit Kindern zu arbeiten.

Der Sanguiniker hat die Fähigkeit, ein volles Leben zu leben

Sein Blick ist für den Reichtum des Lebens offen. Er sieht, hört, fühlt und merkt mehr als andere. Er hat ein scharfes Auge für Form und Farbe, Natur und Kunst, für Menschen, Tiere und Pflanzen, für große und kleine Dinge.

Verstand und Seele sind bei ihm von ständig wechselnden Eindrücken erfüllt. Für Langeweile hat er keine Zeit. Er lebt in der Gegenwart und ist immer von irgend etwas in Anspruch genommen.

Sein Glück rührt daher, daß sein Interesse auch von Kleinigkeiten gefesselt werden kann, nicht nur von großen Dingen. Und das tägliche Leben besteht ja vorwiegend aus Kleinigkeiten.

SCHWÄCHEN DES SANGUINISCHEN TEMPERAMENTS

Der Sanguiniker ist mehr oder weniger unbeständig und oberflächlich

Denn er ist ein Kind des Augenblickes — diesmal zu seinem Nachteil. Er lebt so stark in der Gegenwart, daß oftmals der Zusammenhang seines Lebens verloren geht. Jeder neue Eindruck schlägt den vorhergehenden in die Flucht.

Wie der Schmetterling von einer Blume zur anderen flattert, so schweift sein leicht beeindruckbarer Geist von einer Sensation zur anderen. Er hat Freude an allem, so lange es dauert. Aber wenn neue Eindrücke die alten vertrieben haben, ist er mit diesen fertig.

Denselben Zug zeigt er auch in seinen Freundschaften. Liebevoll, herzlich, ja überschwenglich ist er, wenn er einen Freund trifft. Man meint, er hätte keinen anderen und stürze deshalb seine ganze Liebe auf diesen einen.

Aber an der nächsten Straßenecke trifft er einen anderen Freund und benimmt sich gegen ihn nicht weniger überströmend. Jetzt ist der erste anscheinend vergessen. »Aus dem Auge, aus dem Sinn«, dieses Sprichwort beschreibt die Natur des Sanguinikers nur allzu gut. Denn gewöhnlich ist er in seinen Freundschaften weder treu noch beständig.

Das will nicht sagen, daß seine überschwengliche Art nur Verstellung war, durchaus nicht. So empfand er eben in diesem Augenblick. Aber wenn der vorbei ist, empfindet er genauso übertrieben für den anderen oder für etwas anderes. Für den Moment vergißt er seinen »Freund« — beim nächsten Treffen aber grüßt er ihn mit der alten Herzlichkeit.

Ebenso unbeständig zeigt er sich in seinen Neigungen. Er orientiert sein Interesse schnell und stark an den Dingen, ist wie gewöhnlich sehr mitteilsam darüber und versucht auch bei anderen für die Sache zu werben. Dabei ist er ein tüchtiger Agitator, ein hervorragender Propagandist. Aber er bleibt immer neuen Eindrücken offen. Schon bald kommt ihm ein neuer Gedanke, und er ergreift ihn ebenso fest. Dann verfliegt der Enthusiasmus über die erste Idee vollkommen.

Wir alle haben schon Leute dieses Typs getroffen. Fast bei jedem Wiedersehen sind sie von etwas Neuem absorbiert. Immer meinen sie, diesmal handle es sich um etwas ganz Bedeutendes.

Auch in seiner Arbeit zeigt der Sanguiniker diese Unbeständigkeit. Kein anderer hat so viele halb erledigte Arbeiten liegen wie er. In der Schublade der Sanguinikerin findet man Mengen von unvollendeten Arbeiten. Arbeitet der Sanguiniker literarisch, so hat er stets eine große Zahl unabgeschlossener Manuskripte liegen.

Er beginnt jede Arbeit mit Eifer, ja, mit Begeisterung. Aber bald nimmt er etwas neues vor, was sein ganzes Interesse fesselt. Das erste läßt er dann fallen.

Besonders verhängnisvoll wirkt sich seine Unbeständigkeit in der Liebe aus. Er ist sehr schnell beeindruckt, seine warme, emotionale Natur ist sogleich am Siedepunkt. Alle anderen Interessen werden beiseite geschoben. Auf der ganzen Welt findet man kein zweites solches Mädchen, und was die beiden fühlen und erleben, ist außergewöhnlich.

In der Regel jedoch dauert es nicht lange, bis seine Vernarrtheit vorüber ist. Er sieht andere junge Frauen, verliebt sich in eine von ihnen genauso intensiv und läßt die erste fallen.

Er ist unzuverlässig

Wir meinen damit nicht, daß er nicht ernst zu nehmen oder scheinheilig wäre; noch viel weniger lügt er. Nein, er ist offenherzig und meint es gut. Auch in seiner Unbeständigkeit und Oberflächlichkeit bleibt er schlicht und naiv.

Ohne Absicht vergißt er sowohl seine Zusagen wie seine Verpflichtungen. Er verspricht rechts und links vieles und ist im Augenblick fest entschlossen, es auch zu halten. Aber gleich darauf ist alles vergessen. Vielleicht erinnert er sich dann und wann sogar noch. Aber dann erfindet er aus Eitelkeit und Schwäche Ausreden, die beweisen sollen, daß er sein Versprechen wirklich nicht halten konnte. Er erwartet, daß man ihn wegen seines Naturells entschuldigt. War es denn nicht genug, daß er solches Interesse nahm und sogar etwas versprach? Kann er da nicht erwarten, daß der gute Wille für die Tat genommen wird?

Kurzum, man kann sich nie auf ihn verlassen. Man kann nie wissen, ob er sein Versprechen hält oder nicht. Darum ist es schwierig, mit ihm etwas zu tun zu haben.

Mit solchen Schwächen wird der Sanguiniker im Leben keine Erfolge haben, die auch nur annähernd seiner Begabung entsprächen. Sein Leben und seine Lebensaufgabe werden wahrscheinlich verschlissen. Trotz seiner guten Absichten und seiner rastlosen Tätigkeit führt er oft ein vergleichsweise nutzloses Leben, das nur mit guten, aber unvollendeten Vorsätzen ausgefüllt ist.

HINWEISE FÜR PASTOREN UND GEISTLICHE RATGEBER

Der Sanguiniker läßt sich leicht von seiner Umgebung prägen. Es fällt ihm nicht schwer, in die Gefühle und Interessen anderer einzudringen. Wenn ein unbekehrter Mensch seines Temperaments mit wahren Christen in Berührung kommt, wird er schnell von ihnen beeinflußt. Ihr Lebensziel und ihre Gespräche beeindrucken ihn. Er paßt sich bereitwillig der christlichen Umgebung an. Er kann sogar ohne Schwierigkeit am christlichen Gespräch teilnehmen. Das Singen und was sonst die gefühlsmäßige Anziehung des Gottesdienstes ausmacht, spricht ihn besonders an. Er kann daran in seinem unbekehrten Zustand teilnehmen, ohne sich der Scheinheiligkeit schuldig zu machen. Auch hier wieder wirkt sich seine Offenheit und Aufrichtigkeit aus.

Dem Sanguiniker fällt die geistliche Erweckung leicht. Ihn berührt in Gottes Wort vor allem das, was das Gefühl anspricht: Gottes Liebe zu den Menschen, die schrecklichen Folgen und Strafen der Sünde und wohl am meisten das Leiden und Sterben Jesu.

Bei einer Erweckungsversammlung wird er tief angerührt. Die Bekehrung geschieht schnell, oft begleitet von heftigem Weinen. Wie gewöhnlich ist er auch jetzt mitteilsam und verbirgt seine Gefühle nicht.

Sein tiefer Schmerz schlägt meist rasch in jubelnde Freude um. Alles geht schnell und ohne Schwierigkeit. Es ist gerade so wie mit dem Saatkorn, das auf steiniges Land fiel (Mt 13,5.6; 20, 20): Es ging rasch auf, welkte aber schnell, weil es keine Wurzeln hatte.

Bei einer Erweckungsfeier setzen Sanguiniker sich stark ein. »Sie nehmen das Wort mit Freuden auf«, wie Jesus sagt. Sie sind glücklich, enthusiastisch und beredt. Da sie eine einzigartige Fähigkeit haben, andere für ihre Erfahrungen zu interessieren, ist ihr Zeugnis glaubwürdig und mitreißend.

Und doch wird eine echte Bekehrung dem Sanguiniker äußerst schwer. Die Erweckung geht vergleichsweise leicht, aber schwierig ist der entscheidende Schritt. Bei Lukas 9, 57—62 treffen wir einige Sanguiniker, denen Christus zu helfen versucht. Wir bemerken ihren wohlgemeinten Eifer, aber gleichzeitig auch ihre Furcht vor dem endgültigen Entschluß. Jesus hilft ihnen, indem er sie zwingt, sich zu entscheiden. Er drängt sie nicht, ihm zu folgen, aber er zwingt sie, zu wählen. Das brauchen Sanguiniker, denn sie sind geneigt, ihren Eifer für Christus und das Christentum für genug zu halten und so dem letzten Schritt auszuweichen.

Treffen wir den Sanguiniker in Krankheit, Sorge oder Schmerzen an, so erweckt er oft die größten Hoffnungen, er habe eine wahre Bekehrung hinter sich. Eifrig liest er Gottes Wort und betet; nichts wünscht er mehr als ein Gespräch über Gott. In seiner Gottesfurcht liegt so viel Ernst und Intensität, daß es scheint, es sei ein echter Wandel vorgegangen. Aber wie oft sehen wir, sobald die Lage sich gebessert hat, daß er die gleiche weltliche Persönlichkeit geblieben ist wie zuvor. So zeigt er leicht die Blüte der Bekehrung, aber ohne Früchte hervorzubringen.

Der Sanguiniker ist nach seiner Umkehr besonderen Gefahren und Schwierigkeiten ausgesetzt. Sein schlimmster Feind ist die Unbeständigkeit. Es fällt ihm leicht, bei religiösen Versammlungen ein Christ zu sein. Singen, Musik, ein aufrichtiges Zeugnis, eine rührende Erzählung bewegen ihn schnell zu Tränen. Er stimmt aus ganzem Herzen und mit voller Seele ein.

Aber zu Hause, im täglichen Leben, hat er die größten Schwierigkeiten. Für ihn ist das tägliche Durchhalten schwerer als für jeden anderen. Er ist ja von Natur aus unstet und unbeständig, wird leicht von seiner Umgebung beeinflußt und findet es schwer, durch Gebet und Schriftlesung mit Gott in engem Kontakt zu bleiben. Der tägliche Kampf gegen die Versuchung ist ihm zuviel. Die guten Vorsätze, die er bei einem religiösen Treffen macht, verflüchtigen sich im Alltag bald.

Er sehnt sich immer nach etwas Neuem. Sein Temperament verlangt zum dauernden Glück Abwechslung und Freude. Sein Frohsinn verschwindet, wenn in seinem Leben zu viel Eintönigkeit vorherrscht. Denn jemand, der nur der Freude lebt, braucht ständig neue Sensationen. So hat der Sanguiniker bald vom bekannten Prediger genug. Er will einen neuen hören. Gewohnte

Methoden ermüden ihn. Wenn er von etwas Neuartigem hört, will er es auch gleich ausprobieren.

Enthusiastisch greift er nach neuen Betätigungen. Es spricht ihn einfach darum an, weil es Abwechslung bringt. Deshalb wird er wahrscheinlich in einem Freundeskreis zu den turbulentesten Geistern zählen und dem Leiter viel Mühe verursachen. Gewiß will er die Gruppe nicht sprengen, wie dies oft beim Choleriker der Fall ist. Nein, auch in dieser Hinsicht ist er gradlinig und offen. Doch wird er oft als Werkzeug mißbraucht, wenn ein schlauer Choleriker ein Schisma plant.

Der Sanguiniker zeigt zum Reden und Predigen außerordentliche Gaben. Er hat ein reiches Gefühlsleben, beherrscht die Sprache und spricht aus dem Herzen. Ohne Umschweife drückt er die Gedanken und Empfindungen des gegenwärtigen Augenblickes aus. Seine Hörer werden von seinen Worten einfach mitgerissen. Ohne es zu wissen oder zu wollen, bringt er sie in einem Moment zum Weinen, im nächsten zum Lachen, so angeregt sind sie von seinen Worten.

Doch bald wird er sich seines Talentes bewußt. Dann bringen ihn seine Unbeständigkeit und sein Verlangen nach Abwechslung in Versuchung, zu übertreiben. Es macht ihm zu viel Mühe, sich durch Gebet, Lesung und Meditation auf den Text vorzubereiten. Er verläßt sich auf seine Rednergabe, mit der er die Zuhörerschaft sicher faszinieren wird, sobald er warm geworden ist. Aber mit solchen Predigten trocknet er schließlich sowohl sich selbst wie seine Hörer aus.

DIE SELBSTDISZIPLIN DES SANGUINIKERS

Ehe wir die Disziplin beschreiben, welche der Sanguiniker wegen seines Temperamentes üben muß, wollen wir noch einmal das Temperament im allgemeinen untersuchen, um die Notwendigkeit solcher Disziplin klar zu sehen.

Temperament, als Teil unserer menschlichen Natur, muß vom Geist kontrolliert werden. Viele sehen diese Wahrheit nicht ein. Sie halten Temperament für etwas Unveränderliches. Wenn jemand von Natur schnell aufbraust, dann meinen sie, man könne nichts daran ändern, außer sich hinterher in christlicher Weise zu entschuldigen und natürlich für den Schaden, den man angerichtet hat, aufzukommen. Diese Ansicht ist grundfalsch. Sicherlich drückt das Temperament uns ein besonderes Siegel auf, das uns von der Wiege bis zum Grab begleitet. Aber es kann und muß gewissenhaft geschult und diszipliniert werden.

Wir sollen unserem Temperament unbefangen und froh folgen, aber nur so lange, als es uns nicht in Sünde führt. Überall, wo es Anlaß zur Sünde wird, muß es in Zucht genommen und an die Kandare gelegt werden, nicht anders als alle natürlichen Impulse.

Wie unser Leib geheiligt, das heißt, dem Dienst des Herrn geweiht sein soll, damit er nicht nach eigenem Gutdünken zu unserem persönlichen Nutzen oder zu unserer eigenen Ehre, sondern zu Gottes Ehre gebraucht wird, so muß auch unser Temperament geheiligt werden. Es soll so erzogen sein, daß es der Förderung unseres geistlichen Lebens in Gott dient.

Deshalb ist es unsere erste Aufgabe, durch Selbstprüfung zu bestimmen, welche Züge unseres Temperaments mit unserem geistlichen Leben unvereinbar sind. Danach müssen wir einen ehrlichen Kampf zur Überwindung der Schwächen beginnen.

Mängel, die ein Sanguiniker korrigieren muß, sind verhältnismäßig leicht zu finden. Seine Fehler und Unzulänglichkeiten liegen für jeden, außer für ihn selbst, auf der Hand.

Ihm fehlen geistiges Gleichgewicht, geistige Nüchternheit. Oft ist er über seine Erlebnisse so freudig erregt, daß er aus dem Gleichgewicht gerät. Sein Leben verliert dann Zusammenhang und Folgerichtigkeit. Niemand braucht also Selbstprüfung dringender als der Sanguiniker.

Betrachten wir Petrus. Unter den Aposteln stellt er das sanguinische Temperament dar. Wie aufrichtig und voll der besten Absicht tadelt er seinen großen Meister (Mt 16,22)! Wie warmherzig und ernst verspricht er, sich niemals an Jesus zu ärgern! Trotzdem schwört er zwei Stunden später, und das dreimal nacheinander, er hätte Jesus nie gesehen.

Und mit welcher Hirtensorge begegnet Jesus dem Petrus! Wie leitet er ihn bei der Begegnung nach seiner Auferstehung! Er führt Petrus zu gründlicher Selbstprüfung. Dreimal — entsprechend den drei Verleugnungen — stellt er ihm die eindringliche Frage: »Simon, des Johannes Sohn, hast du mich lieb?« (Jo 21, 15—17).

Welche Fortschritte macht Petrus durch seine Selbstprüfung! Liest man seinen ersten Brief, so spürt man, hier schreibt einer, der gelernt hat, sich selbst zu beobachten und in heiliger Klugheit zu wandeln. In dieser Hinsicht ist besonders das fünfte Kapitel interessant. Der Apostel, der diesen Brief schrieb, war wahrhaft nüchtern und wachsam geworden.

Die grundlegenden Schwächen, worüber der Sanguiniker vor allem sorgfältig wachen muß, sind Unzuverlässigkeit, Nachsicht gegen sich selbst und ein schwacher Wille. Seinen Freundschaften muß er besondere Aufmerksamkeit widmen. So kann er vermeiden, treulos und hochfahrend zu handeln. Er muß auf sein Arbeiten und auf seine Neigungen achten, um sich seiner Versprechen zu erinnern, die er so schnell vergißt. Und schließlich muß er die Probleme und Aufgaben bedenken, ehe er ans Werk geht, damit er es nicht wieder halb beendigt liegen läßt.

Der Kampf, den er hier übernimmt, geht weit über seine eigenen Kräfte, denn seine natürlichen Impulse sind stark und hartnäckig. Erst wenn er lernt, im Glauben gegen seine Schwächen zu kämpfen, wird er siegen.

Wahrscheinlich erfährt er dabei etwas von der tiefen Wahrheit, die in den dunklen Worten Jesu liegt: »Diese Art kann durch nichts ausfahren als durch Beten und Fasten« (Mk 9,29).

Gegen den schwachen Willen, die Wankelmütigkeit, muß so lange angegangen werden, bis genügend Kraft gewachsen ist, um freiwillig eine Arbeit auf sich zu nehmen, die den Willen besonders übt und die gegen sich selbst nachsichtige Natur überwindet. Sogar Paulus bekennt: »Ich züchtige meinen Leib und zähme ihn, daß ich nicht den anderen predige und selbst verwerflich werde.« (1 Ko 9,27)

Ein so erzogener Geist wird ein erfreulicher, wertvoller Christ werden. Etwas ansteckend Erfrischendes liegt über ihm. Wenn die unerwünschten Züge des Temperamentes unterworfen sind, wird die liebenswürdige, freimütige Natürlichkeit stärker sichtbar.

Zu Hause ist der Sanguiniker für Erwachsene wie Kinder ein

Sonnenstrahl. Seine Offenheit, seine vielen lebendigen Erfahrungen, sein reiches Gemütsleben, sein glänzender, spontan hervorbrechender Humor machen ihn zum natürlichen Mittelpunkt der Aufmerksamkeit. Ist er abwesend, breitet sich ein Gefühl der Leere aus. Kommt er heim, so scheint das ganze Haus von Leben erfüllt.

Im christlichen Kreis ist er unschätzbar. Er ist wie ein frischer Atemzug, herzlich, aufrichtig, aufgeschlossen und voll Unternehmungsgeist. Es ist einfach eine Wohltat, mit ihm zusammen zu sein. Er heitert die Traurigen auf und ermuntert die Gleichgültigen. In der sanften, fröhlichen Atmosphäre, die er um sich verbreitet, hilft er den ruhelosen Martha-Seelen zum Frieden. Tatsächlich, an diesem Sonnenschein können sich alle erwärmen.

Der Sanguiniker ist ein geborener Optimist. Als Christ ist er voller Hoffnung. Ihn beeindruckt die helle Seite des Christentums. Gnade und Sühne, Kreuz und Blut, Hoffnung und Himmel nehmen sein empfindsames Gemüt gefangen. Vor seinen Augen steht die Herrlichkeit des Christseins. Er sieht nicht so sehr, *wovon* uns Christus erlöst hat, sondern *wofür:* Nämlich für den Sieg, die Zukunft und das Ziel der Christenheit. Der sanguinische Petrus wurde zum Apostel der Hoffnung.

II. Das melancholische Temperament

Das Wort »melancholisch« stammt aus dem Griechischen. *Melancholia* bedeutet schwarze Galle. Der Ausdruck wird zur Bezeichnung des dunklen, bedrückenden, düsteren Temperaments gebraucht.

Wie beim Sanguiniker herrscht auch in diesem Temperament das *Gefühl* vor. Aber während der Sanguiniker seine Aufmerksamkeit nach außen richtet, während er aufgeschlossen und für stets wechselnde Eindrücke offen ist, richten sich die Antennen des Melancholikers nach innen. Da sein reflektierendes Denken und Fühlen immer aktiv sind, läßt er nur wenige Eindrücke zu, aber diese werden sorgfältig geprüft und gründlich analysiert. Natürlich kann auch der Sanguiniker keine Eindrücke aufnehmen, ohne daß seine Vorstellungskraft und sein Denken berührt werden. Aber bei ihm laufen die Gedanken fast automatisch ab, als verstandesmäßiger Akt, der die Gefühle begleitet und sich daher mit ihnen ändert. Deshalb ist das Denken des Sanguinikers so vage, so unlogisch, so sprunghaft und zuweilen oberflächlich.

Und während er praktisch fast jeden Eindruck, der seine fein abgestimmte Natur anspricht, genießt, trifft der Melancholiker eine bestimmte Auswahl. Vieles, was von außen kommt, interessiert ihn nicht. Anderseits gibt es bestimmte Eindrücke, die ihn tief berühren und in seiner Vorstellung aktiv werden. Meistens sind es solche, die er irgendwie mit sich selbst in Zusammenhang bringt. Da er traurig und düster veranlagt ist, bewahrt er vor allem jene Erfahrungen im Gedächtnis, die ihn persönlich verletzen. Diese Eindrücke ruft er sich zurück und analysiert sie durch und durch. Er brütet darüber und pflegt sie in traurigem Erinnern.

Der Sanguiniker freut sich seines Temperaments, der Melancholiker leidet darunter. Der Sanguiniker absorbiert alles so, wie es kommt, und ist damit zufrieden. Der Melancholiker ist mit irgendeinem, meist schmerzlichen Eindruck so beschäftigt, daß er sich nur wenig oder gar nicht an all dem erfreuen kann, was hell und ermutigend ist. Seine geistige Welt ist nicht nur dunkel, sondern auch eng.

Er bringt alles mit seinem eigenen Ich in Verbindung. Und um sein unglückliches Wesen noch zu steigern, hat er eine starke Neigung zu verurteilen und herabzusetzen. Der Sanguiniker nimmt Menschen und Bedingungen so, wie sie sind. Es kümmert ihn wenig, ob sie gewisse Voraussetzungen erfüllen oder nicht. Der melancholische Typ vergleicht alles, was er erlebt, mit dem Bild in seiner Vorstellung, indem er es stets an seinen Anforderungen mißt. Alles beurteilt er nach dem Ideal, das er im Sinn hat.

Das Ergebnis ist unausweichlich. Immer bleibt die Erfahrung hinter dem Wunschbild zurück, und er ist enttäuscht. Die Suche nach dem Vollkommenen wird zur Last seines Lebens.

Schließlich bringt diese Suche ihn dahin, daß er gegen seine Erlebnisse immer ungehaltener und ablehnender wird. Er steht dem Alltag mit seinen Disharmonien und Enttäuschungen mißtrauisch gegenüber.

Folglich interessiert er sich wenig an der Gegenwart. Sie scheint ihm schwer und bedrückend. So weit wie möglich versucht er in eine Traumwelt auszuweichen. Jetzt lebt er manchmal in der Vergangenheit, manchmal in der Zukunft, denn hier kann sein Traum zur Vollkommenheit sich entfalten. Wendet er sich der Zukunft zu, so baut er Luftschlösser. Der Vergangenheit zugewandt, ruft er sich angenehme Erinnerungen ins Gedächtnis, schmückt sie aus, idealisiert sie und mißt sie an der düsteren, langweiligen Gegenwart.

STÄRKEN DES MELANCHOLISCHEN TEMPERAMENTS

Der Melancholiker hat eine reiche, sensible Natur

Er empfindet nicht nur fein, sondern tief. Darum gibt es unter den Melancholikern so viele große Künstler.

Er ist tief und gründlich in allem

Darin ist er das gerade Gegenteil des Sanguinikers. Gegen Oberflächlichkeit und Unbeständigkeit zeigt er in jedem Lebensbereich tiefe Abneigung. Was immer er anpackt, er tut es gründlich.

Allerdings gibt es vieles, was ihn nicht interessiert und was er daher vollkommen ignoriert. Aber wenn er irgend etwas angreift, eine Idee oder Aufgabe, dann arbeitet er sie gewissenhaft und gründlich durch. Es wundert also nicht, so viele große Philosophen und Denker unter den Melancholikern zu finden.

Die Verbindung reichen emotionalen Lebens mit gründlichem reflektiven Denken macht den Melancholiker besonders als Autor oder Wissenschaftler für schöpferische und intellektuelle Arbeit geeignet. Durch glückliche Verbindung von Intuition und Verstand erfaßt er große Ideen.

Er kennt seine eigenen Grenzen

Auch hier steht er in ausgesprochenem Gegensatz zum Sanguiniker, der sich an allem interessiert, eine Menge Pläne aufgreift und sie dann halb vollendet fallen läßt. Der Melancholiker versucht sich nicht an vielerlei, aber was er unternimmt, führt er auch zu Ende.

Kurz, er übt lobenswerte Kontrolle und Selbstdisziplin. Seine nachdenkliche Art hält ihn davon ab, sein Leben aufs Geratewohl, nach Lust und Laune zu gestalten.

Er ist treu

Er schließt nicht viele Freundschaften, aber die er hat, hält er aufrecht. In dieser Beziehung unterscheidet er sich wieder sehr vom Sanguiniker, der mit seiner Offenherzigkeit und seinem Charme überall Freunde gewinnt. Das Wesen des Melancholikers ist oft eher abstoßend. Er verjagt manchen durch seinen Pessimismus, seine Empfindlichkeit und seinen Hochmut. Aber Menschen, die ihn mögen und zu denen er sich hingezogen fühlt, bleibt er treu.

Während der Sanguiniker von jedem neuen Eindruck abgelenkt wird, so daß er seine alten Freunde leicht vergißt, hegt der Melancholiker seine Freundschaften in der Tiefe der Seele. Trennung machen sie ihm nur noch wichtiger.

Es liegt etwas Rührendes über seiner Freundschaft. Tatsache ist, daß er sich darin oft ziemlich unbeholfen gibt. Seine grüblerische Natur macht es ihm schwer, Gefühle zu zeigen. So unterläßt er es oft ganz oder greift zu recht ungewöhnlichen Handlungen. Dabei ist etwas Ergreifendes, rührend Gutherziges in seiner Unbeholfenheit, denn er fühlt immer mehr, als er sagen oder ausdrücken kann.

Er ist zuverlässig

Er vergißt seine Versprechungen oder Verpflichtungen nicht leicht. Natürlich gibt er seine Zusagen nicht so großzügig wie der Sanguiniker. Nein, er hält sich damit sehr zurück. Übertriebene, unbedachte Reden stoßen ihn ab. Ist er aber einmal so weit gegangen, etwas zu versprechen, so ist das Halten für ihn Ehrensache. Ein gebrochenes Versprechen würde ihn lange Zeit, vielleicht für den Rest seines Lebens, bedrücken. Der Sanguiniker hingegen wird die gebrochene Zusage leicht mit Entschuldigungen aus der Welt schaffen.

Der Melancholiker ist in allen Bereichen zuverlässig. Sorglosigkeit und Nachlässigkeit sind seiner Natur unbedingt zuwider. Als Vorgesetzter wie als Untergebener ist er gründlich in seiner Arbeit, in Geldangelegenheiten und Geschäften ebenso vorsichtig in der Familie wie im Beruf. In Gewohnheiten, in der Kleidung, einfach in allem ist er sorgfältig und ordentlich.

Man kann den Unterschied zwischen einem Melancholiker und einem Sanguiniker schon feststellen, wenn man sie beim Kofferpacken für eine Reise beobachtet.

SCHWÄCHEN DES MELANCHOLISCHEN TEMPERAMENTS

Der Melancholiker ist auf eine unselige Weise selbstbezogen

Er ist bestimmt egoistischer als die anderen Temperamente und neigt zu jener Art Selbstprüfung, Selbstbespiegelung, die Willen und Energie lähmen. Andauernd seziert er sich und seine Mentalität, indem er davon Lage auf Lage abhebt, wie man eine Zwiebel schält. Schließlich bleibt in seinem Leben nichts Schlichtes und Ungekünsteltes übrig, sondern nur noch die ewige Selbstanalyse.

Diese Selbstprüfung macht nicht nur unglücklich, sie ist schädlich. Melancholiker werden leicht in geistig krankhafte Haltung getrieben. Sie beschäftigen sich nicht allein übermäßig mit ihren seelischen, sondern ebenso sehr mit ihren körperlichen Zuständen. Alles, was sie berührt, ist von überragender Wichtigkeit für sie. Daher wird kein anderer Typ so leicht zum Hypochonder.

Er ist sehr empfindlich

Weil er die angeborene Neigung hat, alles auf sich selbst zu beziehen, ist der Melancholiker schnell verletzt und beleidigt und daher äußerst mißtrauisch. »Warum hat er das gesagt?« — »Warum hat sie das getan?« — »Was hat er damit gemeint?« Dem Sanguiniker machen derartige Fragen nicht viel Kummer, aber der Melancholiker quält sich täglich damit ab. Weil er sich immer gleich unterschätzt fühlt, legt er Worte und Taten anderer so aus, als wären sie auf ihn gemünzt. Je mißtrauischer er wird, um so öfter findet er etwas beleidigend. Meistens hat seine Umgebung gar nicht an ihn gedacht, als die Bemerkung fiel oder die Dinge geschahen, die ihn kränkten.

Auch dies Mißtrauen macht nicht nur unglücklich, sondern ist gefährlich, denn es kann in Geisteskrankheit ausarten. Es führt manchmal zu einer der ernstesten geistigen Verwirrungen, zum Verfolgungswahn.

Er kennt keinen Kompromiß

Sicher wird es niemandem so schwer wie dem Melancholiker, eine Kränkung oder Beleidigung zu vergessen. Das rührt daher, daß die Dinge ihn so tief beeindrucken. Und was ihn persönlich trifft, beunruhigt ihn am meisten. Überdies ist er in seinem Tagträumen und Brüten geneigt, sich Sachen einzubilden, die gar nicht existieren. Er kann sich in irgendeine schwere »Beleidigung« hineinsteigern, bis sie ungeheuerlich wird.

Wenn wir je einen Melancholiker in dieser Situation angetroffen haben, erlebten wir, wie für ihn eine Kleinigkeit, über die andere gelächelt hätten, riesig anschwoll. Er wollte Himmel und Erde in Bewegung setzen, um Genugtuung für die »würdelose« Behandlung, die er erlitten hatte, zu erlangen.

Als Folge von all dem vergibt er selber nur schwer, auch wenn die betreffende Person um Entschuldigung bittet. Wahrscheinlich wird er gegen den Beleidiger weiter Groll hegen. Diese bittere Wurzel kann er kaum ausrotten.

Man kann nur schwer mit ihm umgehen

Zu allererst: Er ist gewöhnlich zurückhaltend und schweigsam. Seine Erscheinung, sein Gespräch wirken bedrückend! Selten ist er zufrieden, sondern von allem und jedem enttäuscht. Niemand entspricht seinen Erwartungen. Wie wir wissen, ist er außerdem mißtrauisch, fühlt sich verletzt oder mißachtet, und daraus entstehen Schwierigkeiten, und er wird schlechter Laune.

Er ist verdrießlich, ärgerlich, unfreundlich und oft finster und bärbeißig.

Er ist weder hitzig noch heftig und trägt lange an seinem Groll. Doch dürfen wir nicht meinen, daß der Melancholiker nicht wütend werden könnte. Er kann es durchaus. Sein zurückgestauter Ärger bricht dann plötzlich mit unkontrollierter Heftigkeit los.

Er ist pessimistisch

Weil er immer nach seinen idealen Maßstäben mißt, bemerkt er natürlich alles Falsche und Lästige. Das Helle, Ermutigende kann er hingegen offenbar nicht sehen.

Wenn man täglich mit einem echten Melancholiker zu tun hat, denkt man: »Er ist wirklich dauernd auf der Suche nach Niederdrückendem.« Seine einzige Genugtuung im Leben scheint darin zu bestehen, dort, wo andere Freude finden, auf das Düstere hinzuweisen.

Er ist stolz

Sein scharfer Blick für die Fehler der anderen läßt ihn auf die Menschen herabsehen. Die eigenen Fehler kann er natürlich nur schwer entdecken; ein Zug, den er mit uns allen gemeinsam hat. Doch ist es für ihn besonders schwer. Durch seine nach innen gerichtete, passive Natur dringt er nur wenig in das Leben um ihn herum ein, und er begnügt sich mit der Kritik.

Dieser Hochmut des Melancholikers gleitet leicht in Eitelkeit ab. Früh und spät ist er von den eigenen Verdiensten in Anspruch genommen. In seinem bewegten Traumleben werden sie immer zahlreicher und größer, während gleichzeitig sein Kontakt mit dem wirklichen Leben abnimmt.

Auch der Sanguiniker kann eitel werden, ja, sogar sehr. Aber seine Eitelkeit ist unbefangen und ohne Falsch. Oft ist sie so übertrieben, daß sie lächerlich wirkt. Die kindliche Natur des Sanguinikers mildert selbst seine Eitelkeit. Aber der Melancholiker — immer selbstbewußt, vorsichtig und auf Rückzug bedacht — versucht sich zu schützen und schont selbst seine Eitelkeit mit Plan und Ziel.

Er hat eine passive Natur

Seine Grübeleien und Tagträume halten ihn vom wirklichen Leben ab. Die meiste Zeit wohnt er in einer nur vorgestellten Welt. Für die Realität hat er wenig übrig, und so fehlt ihm das Bedürfnis, eine aktive Rolle darin zu spielen.

Hier ist er wieder das gerade Gegenteil des Sanguinikers. Während dieser in der Gegenwart lebt, ist das beim Melancholiker selten der Fall. Vielleicht versucht er sich hinterher in seinen Überlegungen der Gegenwart zu bemächtigen. Oder er möchte sie von vorneherein dadurch in den Griff bekommen, daß er sich ausmalt, was geschehen wird. Dann schreibt er sich selbst vor, wie im richtigen Augenblick gehandelt werden muß. Dieses Denken wächst aus dem instinktiven Gefühl heraus, daß er für den Alltag wenig geeignet ist. Der Melancholiker ist in seinem ganzen Verhalten passiv. Selten beherrscht er die Atmosphäre in einer Versammlung, wie es dem Sanguiniker in seiner spontanen Art gelingt. Dem Melancholiker fehlt in Gesellschaft und im Geschäft die Initiative. Er ist eher Mitläufer als Führer.

Er ist im allgemeinen unpraktisch

Da er meistens in der Vergangenheit oder in der Zukunft lebt, entgleitet ihm das, was die augenblickliche Situation von ihm fordert. Denn der praktische Sinn besteht in der Fähigkeit, in verschiedenen Umständen und unter verschiedenen Bedingungen den rechten Weg zu sehen und zu erkennen, was im Augenblick nottut.

Er ist unentschlossen

Bei ihm sind Gefühl und Intellekt vorherrschend, nicht aber der Wille. Sein gründliches, tiefes Denken hindert ihn an raschen Entschlüssen.

Während dem Sanguiniker und Choleriker sofort klar ist, was getan werden muß, bedenkt der Melancholiker die Angelegenheit lange von allen Seiten und überlegt alle Folgen, die aus seinem Entschluß entstehen könnten. Je mehr Folgen er entdeckt, desto schwieriger wird ihm die Entscheidung. So kommt das, wozu er sich endlich entschließt, oft zu spät. Das Gefühl, das solchen Fehlschlägen folgt, macht ihn von Mal zu Mal unentschlossener und dem raschen Handeln immer abgeneigter.

Oft fängt er, wenn möglich, überhaupt nichts mehr an, handelt nur, wenn er muß, und dann in der Regel mit großer Unsicherheit und geringem Einsatz.

Diese Unentschlossenheit macht den Melancholiker erfolglos in seinen Beziehungen zu Frauen. Wegen seines reichen emotionalen Lebens fühlt er sich von ihnen stark angezogen. Trotzdem ist es ihm wegen seiner übersteigerten Forderung nach Vollkommenheit nicht leicht, eine zu finden, die seinen Vorstellungen entspricht. Kann er sein Ideal in der realen Welt nicht finden, konstruiert er es sich in seinen Gedanken. Vielleicht idealisiert er eine Frau, die er kennt. Aber natürlich wird er, wie andere Männer auch, zur realen Frau hingezogen.. Nähert er sich ihr dann, verliert er den Mut, weil er meint, der Zauber sei verschwunden. Die echte Frau ist nicht die Frau seiner Träume. Er zieht sich also zurück, einfach, weil er nicht das Risiko auf sich nehmen will, die Ehe vorzuschlagen. »Sie ist nicht der Typ, der mich glücklich machen kann« — so drückt er es in seinem Egoismus aus.

Viele Männer bleiben ledig, nur, weil sie Melancholiker sind. Sie selbst meinen allerdings, sie seien melancholisch, weil sie Junggesellen bleiben mußten. Doch gewöhnlich liegt der Fall umgekehrt.

Schließlich fühlt der Melancholiker sich oft zur Übernahme einer besonders schwierigen, idealen Lebensaufgabe berufen

Dieser Gedanke wird ihm von seinem Tagträumen eingegeben. Das Alltagsleben ist ihm zu unbedeutend und liegt weit hinter seinem Ideal zurück. In seinem Traum malt er sich eine Berufung aus, ein Werk, das seinen Maßstäben entspricht. Er denkt dabei nicht an Lebensunterhalt oder Gewinn. Im Gegenteil, seine Arbeit soll Dienst, äußerste Opfer und Selbstverleugnung verlangen.

Jetzt ist er sicher, das Richtige gefunden zu haben. Mit Ernst, Feierlichkeit und nicht ohne einen gewissen Schwung ergreift er das Werk. Und sogleich erfährt er die größte Enttäuschung. Er entdeckt, daß auch diese Berufung unvollkommen ist. Selbst hier entgeht er der Prosa des Lebens nicht. Das tägliche Opfer, der tägliche Dienst, der tägliche Kampf sind ohne Glanz und Zauber. Sie werden unerträglich. Meist dauert es nicht lang, bis er sicher ist, in seiner Berufung einen Fehler gemacht zu haben.

HINWEISE FÜR PASTOREN UND GEISTLICHE RATGEBER

Der Melancholiker ist leicht zu beeinflussen. Kam er als Kind oder in der Jugend mit dem echten Christentum in Berührung, so hinterläßt das bei ihm einen tiefen Eindruck, der kaum mehr ausgelöscht wird.

Erinnerungen haben große Wirkung auf ihn. Lebt er in christlicher Umgebung, dann bleibt er in der Regel stets dem Anruf der Religion aufgeschlossen. Die Kontakte zu Gott, die er gefunden hat, hindern ihn daran, auch nur die geringste Freude an der Sünde oder an weltlicher Lebensführung zu finden.

Nun würde aber jeder andere, der an seinem Erweckungserlebnis festhält, auch weitere Fortschritte machen. Nicht so der Melancholiker. Niemand ist theoretischen Zweifeln so ausgeliefert wie er, denn er wünscht von Natur aus, allem auf den Grund zu gehen.

Ferner hindert ihn seine Kritiksucht am Vorwärtskommen; er sieht ja die Fehler der Christen schärfer als alle anderen.

Schließlich wird er von seiner eigenen Unentschlossenheit gehemmt. Er berechnet den praktischen Wert der Bekehrung, wägt alle Schwierigkeiten ab, und je mehr er darüber nachdenkt, desto unmöglicher erscheint ihm der endgültige Schritt.

Tut er ihn aber endlich doch, so geschieht es mit vollem

Ernst. Auch hier spielt seine tiefe Veranlagung eine wichtige Rolle. Die Selbstprüfung ist in seinem Leben mit Gott ein wesentlicher Faktor.

Doch kann ihn die Schau nach innen zu religiösen Grübeleien verführen. Er neigt dazu, sich in schwierige Schriftstellen zu versenken. Dadurch wird seine Aufmerksamkeit von den einfachen Aussagen der Bibel über Sünde und Gnade abgelenkt und sein geistliches Leben geschwächt.

Sein eigener Seelenzustand, seine Sünden, sein hartes, trotziges Herz und sein Widerstand gegen den Geist der Gnade beunruhigen ihn. Leichter als andere wird er von Angst verwirrt, die unvergebbare Sünde begangen zu haben.

Als Christ ist er irgendwie düster. Vor allem sieht er die traurigen Seiten des Lebens, und sein Christsein ist von dieser angeborenen Düsterkeit geprägt. Nur schwer kann er erkennen, was hell und gnädig an Gottes Vorsehung ist. Er klagt und jammert gewohnheitsmäßig. Dankbarkeit und Freude fühlt er selten, und schnell vergißt er die Barmherzigkeit des Herrn.

Es fällt ihm auch schwer, zwischen Natur und Gnade zu unterscheiden. Oft nimmt er fälschlicherweise seine eigene Melancholie für christlichen Ernst und seinen angeborenen Pessimismus für die Sehnsucht nach der himmlischen Heimat.

Während die Versuchungen des Sanguinikers im Gefühlsmäßigen liegen, sind die des Melancholikers meist geistiger Art. Er ähnelt der Saat, die unter Dornen fiel (Mt 13,22). Der Boden war hier wohl tief und fruchtbar, aber mit Unkraut durchsetzt, das den guten Samen erstickte. Bezeichnenderweise nennt Jesus »die weltlichen Sorgen« das erste und schlimmste Unkraut.

Die Sünden des Sanguinikers liegen im allgemeinen offen zu Tage, die des Melancholikers wurzeln in der Tiefe. Er sündigt hauptsächlich mittels Verstand und Geist, das heißt, in seinen Wünschen, Vorstellungen und Gedanken. Er ist geheimen Sünden, besonders der Unreinheit, dem krankhaften Ehrgeiz, dem Haß und der Rachsucht ausgeliefert.

DIE SELBSTDISZIPLIN DES MELANCHOLIKERS

Zur größten Schwäche wird dem Melancholiker die Versunkenheit in sich selbst. Mit ihr muß er den entschiedensten Kampf führen. Dabei ist von allen Sünden sicher keine schwieriger zu bekämpfen. Sie folgt ihm wie der Schatten dem Licht. Wenn er entdeckt, daß der Kampf mit der Selbstbespiegelung ihn zu neuer Selbstbetrachtung führt, fühlt er sich unwiederbringlich verloren und erkennt, daß der Kampf vollkommen über seine Kräfte geht.

Dann und nur dann findet er endlich heraus, was ihm zur Rettung dient. Erst jetzt ist er so gebrochen, daß er sich vollkommen hilflos seinem Erlöser zu Füßen wirft. Dann erlebt er das Wunder, das Jesus immer vollbringt, wenn sich hilflose Sünder an ihn wenden.

Paulus drückt das so aus: »Der Friede Gottes, welcher höher ist als alle Vernunft, bewahre eure Herzen und Sinne in Christus Jesus!« (Phil 4,7). Christus zum Mittelpunkt von Herz und Sinn zu machen, ist der einzige Weg, auf dem unsere in der Ichsucht gefangene Seele sich von der Sünde befreien kann. Unsere Erfüllung finden wir nur in Ihm.

Der Kampf der eigenen Gedanken gegen die eigenen Gedanken ist dem Kampf gegen das Versinken im Morast vergleichbar. Je mehr wir kämpfen, um so tiefer sinken wir. Je mehr der Melancholiker gegen seine krampfhafte Ichbezogenheit angeht, um so enger beginnen egozentrische Gedanken ihn zu umkreisen. Seine einzige Rettung liegt in der Hinwendung zu seinem Erlöser und in dem Gebet, er möge ihn von diesem krankhaften Denken befreien. Erst wenn Christus Seele und Geist erfüllt, kann der Melancholiker sich selbst vergessen.

Dieses Wunder der Rettung geschieht nicht in einem Augenblick. Der Kampf muß täglich fortgesetzt werden. So oft der Melancholiker von seinem Eigenwert zu sehr überzeugt ist, muß er sich Christus zuwenden, um von ihm erneuert zu werden.

Er muß sich auch anstrengen, anderen selbstlos zu dienen. Das wird für ihn eine Hilfe, die Gefahren von sich abzulenken.

Je mehr er mit liebevollem Dienst an anderen beschäftigt ist, um so leichter wird er sich selbst vergessen.

Ferner muß er gegen sein nutzloses Grübeln angehen. Das Brüten macht ihm Freude, und er fällt oft in diese alte Gewohnheit zurück. Jetzt muß er lernen, es als Sünde zu erkennen. Er muß erkennen, daß Grübeln ihn dazu verführt, das wirkliche Leben mit allen seinen Problemen und Verantwortlichkeiten zu verträumen.

Durch Disziplin und Übung kann er sich selbst dazu erziehen, seine kleinen und großen täglichen Pflichten treu zu erfüllen. Er darf sich nicht von dem prosaischen Zuschnitt unseres gewöhnlich umwölkten Alltags ängstigen lassen. So kann der Melancholiker schrittweise den Weg aus der Traumwelt in die Realität zurückfinden. Er wird lernen, in der Gegenwart statt in Erinnerungen oder in Luftschlössern der Zukunft zu leben.

Endlich muß er den Kampf mit der starken Kritiksucht und dem damit verbundenen übersteigerten Selbstbewußtsein aufnehmen. Auch hier hilft nur Übung, das Temperament zu überwinden und es in die Gewalt zu bekommen. Der Melancholiker soll sein scharfes kritisches Auge auf sich selbst und die eigenen Fehler lenken. Dann wird er leichter die Schwächen der anderen ertragen, »die Menge der Sünden bedecken«, wie die Schrift sagt.

So geläutert und selbstbeherrscht wird jeder Melancholiker zum wertvollen Mitglied im Kreis von Gläubigen. Freilich kann er niemals so ansteckend herzlich wie der Sanguiniker sein. Aber andererseits ist er gründlich, tief und echt. Er ist schweigsam und übernimmt in der Unterhaltung nie die führende Rolle. Sagt er aber etwas, dann ist es nicht nur wohldurchdacht, sondern wird auch mit Originalität und Gedankentiefe ausgedrückt, so daß es zum Nachdenken anregt.

Als Prediger fehlt ihm die ansteckende Ursprünglichkeit, wie sie der Sanguiniker von Natur aus hat. Im Reichtum und der Tiefe seiner Gedanken wie in der Klarheit der Rede ist jedoch etwas Fesselndes. Außerdem hat seine Predigt eine warme Glut. Die Selbstbeherrschung, die er in Gefühl und Verstand übt, flößt den Zuhörern Vertrauen ein. Das haben sie bei der Predigt des Sanguinikers nicht im selben Maße, obwohl sie von seinem glänzenden Humor und den treffenden Vergleichen angezogen werden. Der Melancholiker gewinnt vielleicht keinen so großen Hörerkreis, aber er vermag ihn zu halten.

Als Christ im Kreis der Gläubigen stellt der Melancholiker weder das aktive, noch das unternehmende Element dar. Eher ist er das beständige, zuverlässige. Um ihn bildet sich eine treue Gruppe von Freunden.

Er ist ein echter »Maria«-Typ, nach innen gerichtet, strebsam und kontemplativ. Keiner lebt das »verborgene Leben in Gott« reicher als er, und keiner hat ein größeres Verständnis dafür. Er hat eine besondere Fähigkeit für Seelenanalyse.

Wir weisen als Beispiel auf den Apostel Johannes hin. Er ist der Melancholiker unter den Jüngern; man erkennt es unschwer an seinen Schriften. Von allen Jüngern war er für die Wahrheiten Jesu am aufgeschlossensten, und der Herr »liebte ihn«. Gleichwohl berichtet er weniger über die Vorkommnisse aus dem Leben Jesu als die anderen Evangelisten. Ihn beschäftigen nicht die Einzelheiten, sondern die zentralen und fundamentalen Wahrheiten: Christus das Leben, das Licht der Welt, Christus die Wahrheit, die Fleischwerdung der Liebe Gottes. Das sind die Gedanken, die ihn tief beeindrucken, die sich immer wieder auf die verschiedensten Arten in allen seinen Schriften ausgedrückt finden.

Auch die Sehnsucht ist bei Johannes besonders stark entwickelt. Darum wurde ihm die »Offenbarung« gegeben — die Enthüllung zukünftiger Geheimnisse.

Johannes, der Melancholiker, war der Jünger, den der Herr liebte. Diese Tatsache möchte ich zum Trost aller Melancholiker unterstreichen. Niemand leidet so sehr wie sie. Wir sagten schon, daß sie das leidende Temperament haben. Ganz abgesehen von allen äußeren Umständen liegt es in ihrer Natur, zu leiden.

Der Melancholiker hat eine besonders zarte und sensible Natur. Der Sanguiniker vergißt eine Beleidigung fast augenblicklich; der Choleriker ist so gleichmütig und dickhäutig, daß er eine Beleidigung gar nicht bemerkt; der Phlegmatiker geht mit Gleichgültigkeit und erhabenem Lächeln darüber hinweg. Nur der Melancholiker wird oft und tief verletzt.

Dabei hat er noch die Sorgen, die er sich selber durch fortgesetztes Prüfen und Zergliedern der eigenen Handlungen,

Worte, Gedanken, Gefühle und Wünsche bereitet. Für den christlichen Melancholiker steigern sich diese Nöte zu einem Höchstgrad, denn er hat die Erleuchtung des Heiligen Geistes empfangen und kennt daher seine eigenen Mängel.

Nur ein Melancholiker kann die Leiden, denen ein Melancholiker unterworfen ist, ermessen.

Aber vergeßt nicht, liebe Freunde: Der Jünger, den der Herr liebte, war ein Melancholiker.

III. Das cholerische Temperament

Das Wort »cholerisch« stammt, wie wir gehört haben, vom griechischen Wort für »gelbe Galle« ab. Im Altertum sah man darin die heiße Flüssigkeit im menschlichen Körper. Folglich bezeichnet cholerisch das heiße, schnelle, aktive Temperament.

Beim Choleriker ist der Wille das natürlich vorherrschende Element. Auf jeden Eindruck reagiert als erstes der Wille. Was der Choleriker erfährt, bringt ihn sofort zu irgendeinem Entschluß, und sein Entschluß löst gewöhnlich die Tat aus.

Wenn der Sanguiniker das fröhliche, der Melancholiker das leidende Temperament hat, so besitzt der Choleriker das tätige oder praktische.

Für ihn ist das liebevolle, warme Fühlen des Sanguinikers einfach sentimental und das sorgfältige Abwägen des Melancholikers nur eitles Brüten. Für den Choleriker bedeutet Leben mehr als nur das Einfangen verschiedener Stimmungen oder ein Grübeln über Lebensgeheimnisse. Für ihn ist Leben Arbeit und Tätigkeit.

STÄRKEN DES CHOLERISCHEN TEMPERAMENTS

Der Choleriker hat eine feste Willenskraft.
Kein anderer Typ hat eine so starke natürliche Eignung, einen guten, festen Charakter aufzubauen.

Die passive Tendenz ist eine gefährliche Schwäche des melancholischen wie des sanguinischen Typs, der so leicht sein Handeln von der Umgebung bestimmen läßt. Diese Tendenz ist der cholerischen Natur ganz fremd. Der Choleriker ist zum Handeln geschaffen, das kommt aus seinem tiefsten Unterbewußtsein.

Anregende Kraft ist der Drang zur Selbstentscheidung — das sichere Zeichen eines bewußten Willens. Vor allem will er Entscheidungen, die ihn selbst angehen, auch selber treffen. Aber so oft wie möglich entscheidet er auch gerne für andere.

Wir haben gesehen, daß der Sanguiniker auf seine eigene Weise aktiv ist. Aber er hängt dabei nur wenig vom Willen ab, sondern ist einfach ständig in Bewegung. Seine Geschäftigkeit ist hauptsächlich instinktiv und planlos.

Doch die Aktivität des Cholerikers wird vom Willen dirigiert. Es ist eine zielbewußte Aktivität. Sie entspringt einem bewußten, wohlüberlegten Plan, selbst wenn diesem manchmal das ruhige Vorausdenken fehlt.

Während der Melancholiker alle Für und Wider bedenkt, siebt und abwägt und nur schwer zu einem Entschluß kommt, sieht der Choleriker sofort, was getan werden muß. Seine rasche Auffassung ist mehr das Ergebnis von Intuition als von Überlegung. Es ist, als fühle sein ganzes Sein, was im Augenblick getan werden muß. Mit anderen Worten, er ist auf Handlung eingestellt, darum begreift er augenblicklich die Lage.

Hier kommt ihm eine glückliche Gabe zu Hilfe: Seine große Handlungsfähigkeit. Der Melancholiker ist nur zögernd zu irgendeiner Tat bereit, ist leicht zu verwirren, wird unsicher und verliert die Kraft zur Ausführung. Der Choleriker hingegen ist im Augenblick von Entschluß und Tat sicher, zuversichtlich und stark.

Das erspart ihm Kampf und Zweifel und schützt ihn vor dem Energieverlust, der den Melancholiker schwächt.

Auch der Sanguiniker hat Entschlußfähigkeit — ja, er faßt ständig Entschlüsse, und jeder neue Entschluß erscheint ihm noch besser als der vorhergehende. Er verspricht nach allen Seiten. Aber ihm fehlt die Handlungsfähigkeit. So ist sein Leben voll ehrlich gemeinter, aber unvollendeter Pläne und unerfüllter Zusagen. Der Choleriker jedoch kann beides: einen Entschluß fassen und auch handeln.

Er ist praktisch.

Seine Handlungen haben ein Ziel. Doch das gilt für den Melancholiker auch und sogar noch in höherem Maße. Der praktische Sinn des Cholerikers jedoch zeigt sich klar darin, daß er sofort die rechten Mittel zur Erreichung des Zieles sieht. Und das gelingt dem Melancholiker meist nicht.

Der Melancholiker vergeudet Zeit und Energie durch Abwägen der verschiedenen Methoden, die ihn zum Ziel führen könnten.Der Choleriker hingegen erkennt, was genau hier und jetzt zu geschehen hat. Er ist praktisch, weil er sein Leben nicht in einer imaginären Welt verbringt, sondern tatkräftig in einer Welt der Realitäten lebt. Er ist Opportunist, lebt in der Gegenwart und benützt sie für seine eigenen Pläne.

Er hat einen scharfen Verstand.

Seine Vorstellungskraft ist nicht so beweglich und reich wie die des Sanguinikers und auch nicht so tief wie die des Melancholikers. Was er aber an Vorstellung besitzt, hat er unter Kontrolle und nützt es gut.

Sein energischer Wille erzeugt scharfes, schnelles Denken — doch darf es nicht als tiefes Denken mißverstanden werden. Das gehört nicht zur Natur des Cholerikers. Er ist eben nicht theoretisch, sondern praktisch. Er denkt nicht weiter, als es für seine Arbeit förderlich ist. Doch muß sein Denken klar sein, weil seine Tätigkeit immer ein scharf umrissenes Ziel hat, das er erreichen will. Diese Notwendigkeit schärft seinen Verstand. Er entwickelt viel Wahrnehmungsvermögen gegenüber Menschen und Situationen und wird so zum guten Beurteiler der menschlichen Natur. Auch diese Fähigkeit hat eine ganz praktische Bedeutung. Wenn er an jemandem interessiert ist und ihn prüft, so ist es nicht nur des menschlichen Kontaktes wegen. Er benützt vielmehr die so gewonnene Kenntnis zu seinem eigenen Vorteil.

In Bedrängnis ist er wach und mutig.

Er nimmt einen festen Standpunkt ein und erlaubt anderen nicht, für ihn eine Entscheidung zu treffen. Einerlei, was ihm entgegentritt, einerlei, wie unerwartet ein Ereignis hereinbricht, seine ganze Person ist augenblicklich wach, augenblicklich darauf eingestellt, Mittel zu finden, die ihn zum Herrn der Lage machen. Und wenn es nur einen einzigen Weg gäbe, aus den Schwierigkeiten herauszukommen, er sieht diesen Weg — augenblicklich.

Gefahren erschrecken ihn nicht, sie ziehen ihn an. Abenteurer sind fast ausschließlich Choleriker. Ihnen wird das sichere, gleichförmige Alltagsleben oft gerade deshalb unerträglich, weil ihm Aufregungen fehlen. Sie verlassen ein gemütliches Heim, ein festes Einkommen, ein sicheres Leben, um das Unbekannte, das Unsichere, das Ungewisse dafür einzutauschen.

Widrigkeiten erschrecken ihn nicht.

Hier finden wir einen seiner besten Züge: Seine ungewöhnliche Standhaftigkeit. Während Sanguiniker und Melancholiker oft ihre Pläne fallen lassen, wenn Anstrengungen gefordert werden oder wenn sich Schwierigkeiten und Widerstände einstellen, wird der Choleriker niemals durch solche Umstände entmutigt. Im Gegenteil, sie beleben ihn. Es scheint, daß Hindernisse sein scharfes Denken und seine Unternehmungslust noch steigern. Sicher ist zu solchen Zeiten etwas Unnachgiebiges in seiner ganzen Haltung, doch Klagen hört man von ihm nicht.

Im ganzen strömt vom Choleriker etwas Vibrierendes und Erfrischendes aus. Er ist ein »guter Kamerad«.

SCHWÄCHEN DES CHOLERISCHEN TEMPERAMENTS

Der Choleriker ist hart.

Das Gefühlsmäßige ist beim Choleriker kaum entwickelt. Er kann sich wenig in die Lage anderer versetzen. Vor allem für körperlich oder seelisch Leidende fehlt ihm das Mitempfinden. Dieser Mangel läßt ihn herb erscheinen. Doch muß zu seiner Verteidigung gesagt werden: er ist mit sich selbst ebenso hart wie mit anderen.

Seine ganze Natur ist schroff, es ist etwas Dickfelliges an ihm. Die zarten und gefühlvollen Seiten des Lebens versteht er einfach nicht. So führt er auch sensible und sanfte Menschen mit harter Hand. Empfindsamkeit kann er nicht brauchen, er betrachtet sie als sentimentalen Unsinn.

Er ist stürmisch und heftig.

Schon im Altertum bezeichneten die Leute den Choleriker als jähzornig. Er kann wie der Sanguiniker wütend werden, und zwar viel heftiger als dieser. In seiner Leidenschaft tut er Dinge, die ihn hinterher in Schwierigkeiten bringen.

Ungleich dem Sanguiniker kann er sich nur schwer entschuldigen. Er ist oft eigensinnig und unnachgiebig.

Er ist zu selbstbewußt.

Der Choleriker wird so selbstbewußt, weil er seine Ziele fast immer erreicht. Dann meint er, seine Pläne wären durchgegangen, weil sie besser waren als die anderer Leute.

In der Regel ist es nicht so sehr das Verdienst seines Planes, wenn er sich durchsetzt, sondern vielmehr seine Angriffslust, seine Hartnäckigkeit und Unbekümmertheit, womit er sie durchführt. Er selbst aber meint, er hätte die Situation klarer erkannt als die anderen. Es ist ihm auch bewußt, daß er die Energie zur Durchführung hat. Diese Sicherheit stärkt sein Selbstvertrauen sehr.

Er ist hochmütig und herrschsüchtig.

Sieht er, wie andere ihre Ziele aufgeben müssen, vielleicht wegen eines Fehlers, vielleicht, weil Hindernisse und Schwierigkeiten aufgetreten sind, so ist er schnell versucht, auf sie herabzublicken. Diese Verachtung kann ihn herrschsüchtig machen.

Sein steter Tatendurst zwingt ihn instinktiv, andere zu drängen, daß sie nach seinen Wünschen handeln. Weil er selten Zeit und Geduld aufbringt, sie zu überzeugen, verlangt er von ihnen, seinen Plänen sofort beizustimmen. Er fühlt sich dazu berechtigt, weil er heimlich ihren Fähigkeiten mißtraut. Seiner Meinung nach ist es für sie nur nützlich, wenn man sie zwingt, einem vernünftigen Vorschlag zu folgen. Andere Menschen betrachtet er vor allem als Werkzeug für sich und seine Pläne. Er interessiert sich für sie nur so lange, als sie ihm nützlich sind. Darüber hinaus ignoriert er sie.

Im allgemeinen ist er geschickt.

Dieser Zug steht im Zusammenhang mit seiner Leidenschaft für das Handeln. Etwas zu vollbringen, seine Pläne in die Tat umzusetzen, ist ihm gelegentlich wichtiger als ein richtiges Verhalten. Darum nimmt er es oft nicht sehr genau mit den Mitteln, die er zur Erreichung seines Zieles einsetzt. Das Sprichwort: »Der Zweck heiligt die Mittel« ist eine Feststellung, die seine vollkommene Billigung hat.

Er ist rachsüchtig.

Wie der Melancholiker vergißt auch der Choleriker nicht leicht eine Beleidigung oder Ungerechtigkeit. Aber während der Melancholiker darüber brütet, fühlt sich der Choleriker zur Tat, das heißt zur Rache angestachelt.

Wie in allem hat er auch in der Rache einen Plan. Und er ist ausdauernd. Er gibt nur selten auf, und früher oder später gelingt ihm seine Rache.

Als Krimineller ist er gefährlich.

Wenn der Choleriker auf schlechte Wege gerät, fällt er gewöhnlich tief. Der Sanguiniker hat selbst in seinen Sünden etwas Rührendes und Entschuldbares. Der Melancholiker neigt vor allem zur geheimen Sünde. Doch auch beim öffentlichen Sündigen behält er etwas von seiner zurückhaltenden Natur. Aber wenn der Choleriker sich in Laster und Verbrechen verstrickt, wird er zum kalten, kämpferischen Kriminellen. Zielbewußt und verwegen, wird er äußerst gefährlich für unsere Gesellschaft, denn nichts kann ihn aufhalten, sein Ziel zu erreichen.

Im ganzen ist er prosaisch.

Der Sanguiniker und der Melancholiker haben eine poetische Ader. Jeder ist auf seine Art für den Reichtum des Lebens empfänglich. Der Choleriker jedoch beachtet die zarten Seiten des Lebens wenig. Für ihn hat nur das Nützliche Wert. Gehobene Stimmung, Frohsinn mitten im Gram des Alltags, Freundlichkeit, die andere ihm entgegenbringen, bedeuten ihm nichts. Noch viel weniger kann er selbst dazu beitragen, solche Gefühle zu erwecken.

Die Choleriker sind unleugbar nützlich in Heim und Gesellschaft, aber sie sind ermüdend und nicht leicht zufrieden zu stellen. Sie sind trocken, kalt, parteilich und haben einen engen Horizont. Für irgend jemanden oder irgend etwas außer ihren eigenen Plänen und Ideen haben sie weder Zeit noch Interesse.

HINWEISE FÜR PASTOREN UND GEISTLICHE RATGEBER

Der Choleriker gehört zu jenen Menschen, die nur schwer für Religion zu interessieren sind. Unter den vielen, die im Leben an der Religion vorbeigehen, bilden die Choleriker sicherlich die größte Gruppe.

Der Choleriker tut die Religion schnell als bloße Sentimentalität ab. »Das ist etwas für Frauen und Kinder«, sagt er in seiner schroffen, unbedachten Redeweise. Von der Predigt wird er selten erreicht, denn er läßt sich nur schwer dafür gewinnen, hinzugehen und das Wort zu hören. Er betrachtet den Kirchenbesuch als reine Zeitverschwendung. Es langweilt ihn, so lange still zu sitzen und eine geschlagene Stunde über äußerst unpraktische Dinge nachzudenken. So geht er nicht öfter hin, als christliche Sitte und Anstand es verlangen.

Glücklicherweise wird aber nicht allein die Predigt zum Mittel der Erlösung. Jenes Wort, das die gläubige Versammlung spricht, wirkt auch zum Heil. Das Zeugnis der geisterfüllten Gemeinde für Christus hat noch immer Sünder zur Buße und Bekehrung gebracht.

Doch nicht alleine das. Der Herr benützt auch das »lebendige Wort« als Mittel zur Rettung — nämlich das Wort, das sich im Leben der Gläubigen ausdrückt. »Das Leben war das Licht der Menschen«, heißt es bei Johannes 1,4.

Jesus sagt: »So soll euer Licht leuchten vor den Leuten, daß sie eure guten Werke sehen und euren Vater im Himmel preisen« (Mt 5,16). Hier bezieht sich Jesus nicht allein auf das Wort, das in den Jüngern lebt, sondern auch auf das Wort, das durch sie gelebt wird. Es ist das Wort, das sich in ihrem Kreis ausdrückt und sowohl *gesehen* als gehört werden kann.

Gerade durch diese Evangelisationsart kann der Choleriker gewonnen werden. Er ist ja Realist und erkennt nur Realitäten an. Darum wird niemand vom praktischen Christentum leichter überzeugt als er. Die täglichen guten Taten, die aus einem lebendigen Christsein entspringen, machen einen tiefen Eindruck auf ihn. Wenn der Choleriker sich zum Christentum bekennt, vollzieht er diesen Schritt voll und ganz. Halbe Maßnahmen sind nichts für ihn. Er bekehrt sich auf praktische Weise so, wie er auch alles andere tut.

Er trifft seine Entscheidung ohne Zögern oder Aufschub. Dann bricht er vollkommen mit seinem alten Leben. Auch hier kommt ihm seine angeborene Natur zu Hilfe. Es ist nicht seine Art, an etwas herumzufuschen. Keine Bequemlichkeit hemmt ihn. Sobald er sich klar macht, was Bekehrung bedeutet, bricht er augenblicklich mit seinen alten Sünden und den alten Gefährten. Er hat Anlagen, die zur Entwicklung einer starken christlichen Persönlichkeit geeignet sind. Der entscheidende Faktor zum Aufbau des Charakters ist ein energischer Wille. Wenn der Wille stark ist, richten sich die Taten auf wertvolle Ziele und werden nicht mehr von Lust und Laune und äußeren Einflüssen getrieben. Darüber hinaus schrecken Hindernisse und Widrigkeiten die zähe Ausdauer des Cholerikers nicht.

Sobald sich seine energische, ernste Natur von selbstsüchtigen Zielen, von Ehrgeiz oder Drang nach persönlicher Ehre gelöst und für ein Leben für Gott und das Wohl der Menschheit entschieden hat, entwickelt der Choleriker wunderbare Möglichkeiten für das Gute.

Er wird zum aktiven Christen.

Der Melancholiker ist oft ein passiver Christ, dem seine eigene Frömmigkeit genügt. Aber den Choleriker treibt es zum tätigen christlichen Leben.. Er muß arbeiten, wo immer er ist. Seinem Christentum fehlt die Herzlichkeit des Sanguinikers und die nachdenkliche Ruhe des Melancholikers, aber es wurzelt in der Wirklichkeit. Und dieses Kennzeichen fehlt den anderen. Der Choleriker wird ein Alltagschrist, wie wir ihn notwendig brauchen. Denn Sonntagschristen haben wir nur allzu viele.

Dem Choleriker ist das Christentum Leben und Tat. Er ist ein Mann von wenig Worten und nicht sehr empfänglich für Gefühl. Doch wie man das Christentum lebt — das weiß er.

Auch der Sanguiniker ist oft ein aktiver Christ, aber er ist nicht praktisch. Besonders fehlt ihm die Gabe der Ausdauer. Der Choleriker ist sowohl praktisch wie ausdauernd in seiner Tätigkeit. In der Regel wird er schnell zum Mitarbeiter. Mit seinem nüchternen Sinn beurteilt er Menschen und Umstände gerecht und vorurteilsfrei. Vor allem weiß er, was getan werden muß und wie es geschehen soll.

Der Choleriker ist nicht nur selbst rührig, er bringt auch andere zur Aktion. Als Christ hat er eine besondere Begabung, andere an die Arbeit zu setzen.

Sind seine Herrschsucht und sein Ungestüm gezügelt und unter Kontrolle, werden seine speziellen Gaben ausgiebig wirksam. Er kann in dem Kreis, wo er lebt und arbeitet, zum Schöpfer eines tätigen, gewinnenden Christentums werden.

Von Führern, die selber nicht viel arbeiten mögen und noch

weniger andere etwas tun lassen wollen, wird solch ein Talent als Bedrohung ihrer Stellung empfunden. Verstehen sie den Drang des Cholerikers, an der christlichen Arbeit teilzunehmen, nicht, mögen sie in ihm eine Belästigung sehen. Vor allem dann, wenn sie seine Gaben nicht nützen wollen. Denn er ist mit der bequemen Tatenlosigkeit, der andere Christen sich überlassen, nie zufrieden. Erlaubt man ihm nicht, innerhalb seines Kreises aktiv zu sein, treibt man ihn dazu, es außerhalb zu werden.

In dieser Hinsicht machen geistliche Führer viele Fehler; nicht nur durch ihre Gleichgültigkeit und Herrschsucht, sondern auch durch einen traurigen Mangel an christlicher Urteilskraft. Solche Leiter verstehen den großen Wert der Begabung des Cholerikers nicht und auch nicht sein Recht darauf, in der christlichen Gemeinde zu arbeiten.

Paulus ist der Choleriker unter den Aposteln. Ihn können wir als biblisches Beispiel nehmen.

Es fällt auf, wie sicher und zielbewußt, wie fest und treu in seinen Überzeugungen er sowohl vor wie auch nach seiner Bekehrung zu Christus war. Er vertritt einen kühnen, entschlossenen Standpunkt, nicht nur gegen Störenfriede und Männer mit verdrehten Ansichten in den eigenen Reihen, sondern auch gegen Juden, die sich in seine Versammlungen einzudrängen versuchten. Er stellt sich sogar gegen den Apostel Petrus, der sich in Antiochien einer verächtlichen Heuchelei schuldig gemacht hatte (Gal 2, 11—14).

Außerdem bemerken wir an Paulus eine eigensinnige Arbeitswut. »Ich habe viel mehr gearbeitet als sie alle«, stellt er gelegentlich fest (Ko 15,10).

Ferner zeigt sich seine praktische Natur. Auf den Missionsreisen erweist sie sich nicht nur darin, daß er mit seiner Hände Arbeit für die eigenen Bedürfnisse sorgt, sondern besonders in der Art, wie er sein Werk, das sich über weite Länder verbreiten soll, plant. Sie zeigt sich auch in der Organisation der Gemeinden, die er aufbaute. Dabei mußte er sie oft schnell sich selbst überlassen. Doch die Gemeinden überlebten, konnten arbeiten und weitere Eroberungen für Christus machen.

Endlich fällt uns auf, daß Paulus den Gefahren von Hochmut und übertriebenem Selbstvertrauen ausgesetzt war. In Andeutung dieser Schwäche schreibt er: »Auf daß ich mich nicht der hohen Offenbarungen überhebe, ist mir gegeben ein Pfahl ins Fleisch, nämlich des Satans Engel, der mich mit Fäusten schlage, auf daß ich mich nicht überhebe« (2 Ko 12,7).

DIE SELBSTDISZIPLIN DES CHOLERIKERS

Der Choleriker ist aus hartem Stoff, deshalb muß seine Selbstdisziplin auch hart, streng und ausdauernd sein. Wahrscheinlich muß niemand mehr kämpfen, um sich zu bezwingen, als der Choleriker.

Zuerst muß er die heftigen, rücksichtslosen Züge seines Temperaments zu bezwingen suchen.

Mit ernster, gewissenhafter Anstrengung muß er lernen, seinen Jähzorn zu zügeln. Dazu gibt es kein wirksameres Mittel, als sich nach jedem Ausbruch zu entschuldigen. Für den Choleriker bedeutet das eine größere Demütigung als etwa für den Sanguiniker. Aber gerade darum kann er auf diese Weise am sichersten lernen, seine hitzige, rücklichtslose Natur in Schach zu halten.

Gleichzeitig wird diese Selbsterziehung der beste Schutz gegen seinen angeborenen Hang zu Haß und Rache.

Ebenso schwer wird ihm der Kampf gegen sein stolzes Selbstvertrauen und seine herrschsüchtige Art. Der Choleriker kann diese Mängel nur in den Griff bekommen, wenn er freiwillig Aufgaben übernimmt, bei denen er täglich unter der Leitung anderer arbeiten muß. Dann erkennt er seine Querköpfigkeit und Rechthaberei. Wenn seine Absicht aufrichtig ist, wird er erst vor Gott und dann vor seinen Mitmenschen in die Knie gezwungen.

Ferner muß er gegen seine Neigung, sich nur auf äußerliche Interessen zu konzentrieren, angehen. Die Versuchung dazu geht über sein natürliches Streben nach äußerer Aktivität hinaus. Dieser Antrieb wird bei ihm durch ein Engagement für wertvolle christliche Arbeit verstärkt.

Das ist immer der große Test für die »Martha-Seelen«: Sie

werden von edlen Motiven angetrieben und sind mit edlen, fruchtbaren Aufgaben beschäftigt. Dadurch wird die Versuchung, die Pflege des inneren Lebens zu vernachlässigen, groß. Sie finden leicht Entschuldigungen, jene stillen Stunden mit Bibel und Gebet ausfallen zu lassen. Wenn der Choleriker gegen diese Neigung nicht dauernd ankämpft, wird er einer der ausgetrockneten Christen, die sich in Arbeit verströmen, weil sie noch nicht weit genug vorangeschritten sind, um sich die Kraft »von oben« zu erbitten. Sie verlassen sich nur auf ihre eigene Einsicht und Stärke.

Endlich muß der Choleriker den Kampf gegen seinen Impuls, Parteien aufzusplittern und neue Gruppen zu bilden, aufnehmen.

Seine besonderen Versuchungen stammen von Stolz und Selbstvertrauen, von Kritiksucht und dem unwiderstehlichen Streben nach Aktivität her. Der Choleriker ist schnell ärgerlich über das, was die anderen tun, und versucht dann, sie und ihre Arbeit zu reformieren. Hat er damit Erfolg, ist alles gut. Wenn aber nicht, so ist er schwer versucht, dem teuflischen Rat »teile und herrsche« zu folgen. Das gelingt ihm meist ganz leicht. Denn fast immer gibt es einige Sanguiniker in der Gruppe, die von etwas Neuem begeistert sind. Sie können aufrichtig und bester Absicht sein. Sie wollen nicht gegen ihre Vorgesetzten angehen. Aber der schlaue Choleriker mißbraucht sie. Wir wissen ja, daß sie ausgezeichnete Agitatoren sind, und so dienen sie seinem zerstörerischen Werk.

Alle diese Anlagen stellen den Choleriker vor harte Kämpfe. Mächtige Kräfte bedrängen ihn. Die »Karriere« bedeutet ihm immer mehr als anderen, und in religiöser Arbeit sieht er eine blendende Gelegenheit zum Aufstieg. Er findet aus dieser Schwierigkeit nur dann einen Ausweg, wenn er lernt, sich unter Gottes mächtiger Hand zu demütigen.

Ja, beim Choleriker sind gewaltige Mächte im Spiel. Mit Rebellengeist wurde er geboren, und leicht wird er gegen Gott und Menschen aufsässig. Aber aus den wildesten Fohlen werden die besten Pferde, sobald sie gezähmt sind.

IV. Das phlegmatische Temperament

Das Wort »phlegmatisch« ist vom griechischen *phlegma,* Körpersaft, hergeleitet. Man hielt ihn für naßkalt und glaubte, er verursache Trägheit. Folglich wird die Bezeichnung phlegmatisch für das langsame, kühle Temperament verwendet.

Wenn der Sanguiniker das erfreuliche, der Melancholiker das leidende und der Choleriker das tätige Temperament besitzt, dann hat der Phlegmatiker das ruhige, wohl ausgeglichene. Eindrücke von außen üben auf ihn eine viele harmonischere Wirkung aus als auf die anderen Typen. Beim Choleriker herrscht der Wille vor, beim Sanguiniker das Gefühl, beim Melancholiker Gefühl und Intellekt. Doch beim Phlegmatiker ist kein Zug besonders wirksam.

Er steht dem Leben und seiner augenblicklichen Lage in glücklicher Ausgeglichenheit gegenüber, während die anderen Typen mit ihrer Umgebung dauernd im Kampf liegen. Der Sanguiniker will jeden Eindruck von außen auffangen. Der Melancholiker lebt mit der Wirklichkeit rundum in Widerstreit und zieht sich lieber in seine Traumwelt zurück, wo er auf keinen Gegenspieler trifft. Der Choleriker schlägt sich mit seiner Umgebung herum, weil er dauernd den Drang hat, Bestehendes zu ändern. Der Phlegmatiker jedoch blickt leidenschaftslos auf das Leben.

Die anderen sind alle irgendwie von ihrer Umgebung abhängig, nur der Phlegmatiker zeigt die Haltung der Überlegenheit ihr gegenüber. Die vielen Eindrücke wirken von allen Seiten gleichmäßig auf ihn ein, so daß seine Natur unter allen Umständen im inneren Gleichgewicht bleibt. Er ist immer der kühle, heitere Zuschauer und wird nicht durch die Aufnahme von jedem entgegenkommenden Eindruck pausenlos in Anspruch genommen wie der Sanguiniker. Ihn verärgern Unvollkommenheiten und Fehler in allem und jedem nicht so, wie den Melancholiker. Noch weniger macht er sich die Mühe, die Dinge zu verändern und zu reformieren, wie es der Choleriker tut.

Seine stoische Ruhe kann durch Äußerlichkeiten nicht erschüttert werden. Er wird nie überrascht, fühlt sich nie überrumpelt wie der Sanguiniker. Die Disharmonie des Daseins erschüttert ihn nicht wie den Melancholiker, und Probleme und Gefahren reizen ihn nicht wie den Choleriker.

Nicht einmal seine Ideale stören ihn. Er bastelt so lange an ihnen herum, bis sie bequem zu handhaben sind.

Gegnerschaft verletzt ihn nicht allzu sehr. »Man muß mit seinem Schicksal zufrieden sein«, sagt er ruhig und nüchtern.

STÄRKEN DES PHLEGMATISCHEN TEMPERAMENTS

Der Phlegmatiker ist gutmütig und man kommt gut mit ihm aus.

Hier hilft ihm seine friedfertige Natur. Auch im täglichen Leben spielt er die Rolle des ruhigen Zuschauers. Natürlich hat er seine eigenen Gedanken, wenn er die Engstirnigkeit und Fehlerhaftigkeit seiner Mitmenschen sieht, aber er ärgert sich nur selten darüber. Er ist nicht aufbrausend und hegt keinen Groll.

Von Natur aus ist er nicht so wohlwollend wie der Sanguiniker und nicht halb so tätig oder voller Initiative in seinem Kreis. Aber er hat eine Eigenschaft, die für das tägliche Leben noch wertvoller ist: er ist friedliebend. Dieser Zug steht in Übereinstimmung mit seinem Temperament. Er wünscht so wenig Aufregung und Lärm wie möglich und kann nicht begreifen, warum die Leute so viel Getue um etwas machen. Er ist ruhig und angenehm im Umgang. Meist ist er körperlich und geistig rundlich und etwas plump.

Folglich hat er einen besänftigenden und beruhigenden Einfluß auf andere, denn zum Streiten gehören immer zwei. Im Eheleben, zu Hause, am Arbeitsplatz wirkt er ausgleichend, wie turbulent die Umgebung auch sein mag.

In Gesellschaft ist der Phlegmatiker meist nicht so lebhaft wie der Sanguiniker, aber auch nicht so zurückhaltend und düster wie der Melancholiker. Es ist etwas Liebenswürdiges, Heiteres an ihm, wenn er auch nicht sehr viel zu reden weiß.

Im Gegensatz zum langweiligen, prosaischen Choleriker ist er gemütvoll, behaglich und witzig. Ja, niemand kann witziger sein als er. Er beobachtet Menschen und Gegebenheiten ruhiger und deshalb genauer als andere, und das schärft seinen Blick für das Komische. Auch der Sanguiniker ist witzig. Aber gewöhnlich würgt er die Pointe schon ab, ehe er seinen Witz zu Ende erzählt hat. Er ist kein großer Psychologe. Selbst der Melancholiker kann Witze zum besten geben, aber auch er ist nicht recht erfolgreich damit. Seine Witze sind in der Regel konstruiert und für den Durchschnittshörer zu schwer verständlich.

Die Witze des Phlegmatikers sind trocken. Er macht nie eine lange Einleitung, sondern packt uns überraschend sowohl durch seine Stimmlage als durch sein nüchternes, nichtssagendes Gesicht. Nur ganz selten lacht er über seinen eigenen Witz. Er überrascht uns durch die Situation selbst. Mitten im alltäglichen Leben erzählt er seine Anekdote in derselben trockenen und ruhigen Art, wie er seine Arbeit tut. Dabei erzielt er oft dieselbe Wirkung wie ein Vortragender, von dem man in einer Versammlung etwas Amüsantes und Unterhaltendes erwartet.

Er ist ruhig und zuverlässig.

In der Gefahr bleibt er immer kühl. Wir haben schon die Haltung des Cholerikers gegenüber der Gefahr kennengelernt: er handelt sofort, ist schnell in der Not und tollkühn beim Versuch, der Gefahr zu entkommen.

Der Phlegmatiker hingegen nimmt nicht gleich zur Tat Zuflucht. Nein, seine Stärke liegt darin, daß er selbst jetzt, inmitten von Gefahr, die Lage ruhig betrachtet, alle Möglichkeiten abwägt und vergleicht, um dann den einfachsten und sichersten Weg zu wählen. In Gefahr können wir am deutlichsten die Geistesgegenwart und Tapferkeit des Phlegmatikers erkennen.

Auch im Alltagsleben gereicht ihm seine Ruhe zum großen

Vorteil. Er nimmt sich Zeit, die Aufgabe, die er erledigen muß, gründlich zu durchdenken. Sanguiniker und Choleriker geraten hier in Schwierigkeit. Beide sind viel zu hastig, wobei der Sanguiniker das schlimmste Durcheinander anrichtet. Der Phlegmatiker bleibt ruhig und betrachtet alles sorgfältig, ehe er handelt. Darum ist das, was er tut, wohlgetan. Man kann sich immer auf seine Arbeit verlassen.

In der Freundschaft ist der Phlegmatiker nicht so herzlich und überschwänglich wie der Sanguiniker, aber er ist im Gegensatz zu diesem beständig und treu. Bei ihm gibt es niemals irgendeinen Unsinn, obwohl auch er, wie wir noch sehen werden, seine Fehler hat.

Er ist von Natur aus nicht so tätig wie der Choleriker. Doch fehlen ihm weder Energie noch Entschlossenheit, wie es beim Melancholiker der Fall ist. Er ist fähig, eine Entscheidung zu treffen und sie auch in die Tat umzusetzen, aber er tut das nicht sofort. In der Regel muß er von den Umständen oder von einem anderen zum Handeln gezwungen werden. Ist er aber einmal in Bewegung gesetzt, dann zeigt er, wie tüchtig er sein kann.

Er hat einen praktischen Verstand.

Sein Denken geht nicht so tief wie das des Melancholikers und ist auch nicht so scharf wie das des Cholerikers. Aber er denkt ruhiger und großzügiger als die anderen. Die Gedanken des Melancholikers sind mit seinen Gefühlen und die des Cholerikers so eng mit dem Willen verbunden, daß ihre Folgerungen mehr oder weniger voreingenommen sind. Weil hingegen die Natur des Phlegmatikers kühl und leidenschaftslos ist, wirken seine Gedanken sich frei nach ihren eigenen Gesetzen aus. Er ist dem Wunschdenken weniger unterlegen als andere Typen.

Diese Anlage macht ihn für wissenschaftliches Arbeiten besonders geeignet. Natürlich gehört er nicht zum Kreis Geschichte machender Wissenschaftler. Geniale Entdeckungen auf sozialem und physikalischem Gebiet sind im allgemeinen Melancholikern vorbehalten. Denn solche Erfolge verlangen die Verbindung von Intuition und Reflexion.

Doch hat der Phlegmatiker die Fähigkeit, die glänzenden Ideen des Melancholikers in die Praxis umzusetzen. In seiner Nüchternheit eignet er sich dazu, geduldig den Quellen nachzugehen und die Lage ruhiger zu analysieren als der Choleriker oder Melancholiker.

Sein praktischer Sinn erleichtert es ihm, sich dem Leben anzupassen. Er hat die besondere Eignung, sich zu behaupten und etwas aus seinem Leben zu machen. Er scheut es, Zeit und Energie zu vergeuden und wie die anderen Fehler durch Übereilung zu machen.

Wir haben gesagt, daß der Phlegmatiker nicht besonders aktiv ist. Er nützt seine Fähigkeiten nicht voll aus, jedenfalls nicht für sich selbst wie der Choleriker. Doch die anderen haben deshalb um so mehr von seinem praktischen Wissen. Der Choleriker trägt selten durch Wort oder Tat etwas für die Allgemeinheit bei, wohl aber der Phlegmatiker. Doch muß man ihn darum bitten. Wer um Rat oder Hilfe zu ihm kommt, findet immer ein offenes Ohr.

Hier möchte ich besonders seine Begabung als Berater hervorheben. Auch der Sanguiniker ist zum Helfen bereit. Er gibt nicht nur Rat, den er immer reichlich bei der Hand hat, er veranlaßt die Leute auch zum Folgen. Der Melancholiker lebt in seiner eigenen Welt, zum größten Teil in einer Traumwelt. Er kann sich nicht in eine andere Person versetzen. Daher ist er auch nicht fähig, ernsthaft Rat zu geben. Und der Choleriker hat in der Regel weder Zeit noch Interesse für irgend etwas, wenn es sich nicht um seine eigenen Pläne oder Unternehmungen handelt. Darum fragt man ihn nicht gern um Rat.

Der Phlegmatiker hingegen hat nicht nur reichlich Zeit, sondern auch die nötige geistige Ruhe, um ein Problem von allen Seiten zu betrachten. Das tut er so leidenschaftslos, daß er vom Ganzen ein klares Bild gewinnt. Man wird selten einen wirklichen Fehler begehen, wenn man seinem Rate folgt.

SCHWÄCHEN DES PHLEGMATISCHEN TEMPERAMENTS

Der Phlegmatiker ist langsam.

Nichts überrascht ihn, nichts bewegt ihn, nichts regt ihn zum Staunen an, und nichts begeistert ihn. Er bleibt der ruhige Beobachter.

Im Alltag wirkt diese Haltung manchmal aufreizend. Der Phlegmatiker läßt sich nicht durch irgendein Gefühl, sei es Freude oder Sorge, Ärger oder Überschwang hinreißen. Überspanntheiten schaut er sich ruhig an, vielleicht mit einem ironischen Lächeln.

Noch mehr: auf Ruhelosigkeit reagiert er bemerkenswert bestimmt. Tritt ein Sanguiniker ein, warmherzig und begeistert, so wird der Phlegmatiker kalt wie Eis. Kommt der Melancholiker, pessimistisch und voll Klagen über das Elend der Welt, so ist der Phlegmatiker optimistischer denn je und spöttelt unerträglich. Erscheint ein Choleriker, randvoll mit Plänen und Projekten, so ist es für den Phlegmatiker das größte Vergnügen, kaltes Wasser auf seinen Enthusiasmus zu gießen. Mit seinem ausgeglichenen und scharfen Verstand ist es ihm ein leichtes, auf die Schwächen der Ideen des Cholerikers hinzuweisen.

Gibt der Phlegmatiker diesem wenig angenehmen Zug nach, kann er zum unangenehmen Quälgeist werden, der um so mehr reizt, als er seine eigene Ruhe nie verliert. Er kann äußerst vergnügt sein, wenn andere sich wütend ärgern.

Er ist faul.

Der Phlegmatiker ist fauler als die anderen. Sanguiniker und Choleriker sind immer geschäftig. Der Melancholiker zwar nicht so sehr, doch ist er immer noch aktiver als der Phlegmatiker. Er beschäftigt sich wenigstens mit seinen eigenen Gedanken. Nur der Phlegmatiker meidet jede Anstrengung.

Niemand versumpft trotz der von Natur aus vorhandenen Hilfsquellen leichter als er. Er braucht zum Arbeiten weniger

Mühe aufzuwenden als andere, denn er versteht seine Aufgaben besser, plant besser und führt die Pläne besser aus.

Er ist Opportunist.

Dieser Zug leitet sich von seinem Abscheu gegen jede Mühe und Unbequemlichkeit her. Ihn interessiert mehr, was leicht und mühelos geht, als das, was recht und gerecht ist. Also ist er geneigt, sein Niveau zu senken.

Er ist gleichgültig gegen andere.

Er ist zwar weder hart noch brutal wie der Choleriker, aber er ist kalt. Bittet ihn jemand um Hilfe, veranlaßt man ihn zur Tat, so ist er freundlich und liebenswürdig. Sonst aber hält er sich zurück, weil er seinem Wesen nach so wenig als möglich gestört sein will. Auf diese Weise lebt er sein eigenes bequemes Leben und läßt sich von den Sorgen und Nöten der anderen nicht berühren.

Er ist hochmütig.

Der Phlegmatiker ist mehr als andere zu hochmütiger Gleichgültigkeit, die man auch *Blasiertheit* nennen könnte, geneigt. Sein Temperament ist ausgeglichen. Er ist nur der uninteressierte Beobachter von allem, was um ihn herum vor sich geht. Je mehr sein ruhiges, scharfes Auge die Dummheit, Albernheit, Eitelkeit und den Egoismus der Leute wahrnimmt, um so leichter fällt es ihm, sie zu verachten. Er entwickelt eine überlegene Haltung. Genauer gesagt, er studiert die Menschen, obwohl er kaum Interesse an ihnen nimmt.

Man könnte die Mängel der vier Temperamente im Umgang mit den Menschen folgendermaßen charakterisieren: Der Sanguiniker freut sich an den Leuten und vergißt sie dann wieder. Der Melancholiker ärgert sich über sie, läßt sie aber ihre eigenen krummen Wege gehen. Der Choleriker benützt die Menschen für seine eigenen Zwecke und beachtet sie danach nicht mehr. Der Phlegmatiker studiert sie mit hochmütiger Gleichgültigkeit.

HINWEISE FÜR PASTOREN UND GEISTLICHE RATGEBER

Der Phlegmatiker ist der Selbstgerechtigkeit besonders ausgesetzt.

Sein Leben verläuft korrekt und ausgeglichen, ohne große Neigung zum Bösen. Er hält sich einfach wegen der Schicklichkeit von Sünden wie Unzucht, Schurkerei, Trunksucht und Brutalität frei. Da er fähig ist, mit seinen Idealen Kompromisse zu schließen, hat er, nach seiner eigenen Meinung, wenig Grund zu Selbstvorwürfen. Ja, er beurteilt sich als beachtlich über dem moralischen Durchschnitt stehend.

Im allgemeinen steht er der Kirche nicht gleichgültig gegenüber, dabei ist sein Interesse friedlicher Natur. Er ist konservativ, einfach deshalb, weil dieser Standpunkt die wenigste Anstrengung kostet. Sicherlich ist sein Interesse an der Kirche weder sehr aktiv, noch besonders herzlich. Doch hat der Phlegmatiker eine angeborene Hochachtung gegenüber der Kirche. Sollte sie in Schwierigkeiten geraten, würde er sogar zu ihrer Hilfe mit der Tat eingreifen.

Man kann mit ihm nicht leicht über den christlichen Glauben sprechen. Gegen die Anklagen seines Gewissens ist er durch Selbstgerechtigkeit wohlgeschützt und abgeschirmt. Überdies pariert er ruhig, deutlich und geschickt alle Streiche des »Schwertes der Wahrheit«, indem er seine eigenen Richtlinien der Moral und Gottesfurcht als einzig vernünftig verteidigt.

Er leidet nicht einmal wie die anderen unter Widrigkeiten und Kummer, sondern ergibt sich ziemlich leicht in sein Schicksal. Dadurch macht er es dem Anruf Gottes schwer, ihn im Unglück zu erreichen.

Er ist für den Rationalismus empfänglich. Das bedeutet nicht, daß er sich in kirchliche Meinungsverschiedenheiten einmischt. Dergleichen liegt nicht in seinem Charakter. Ob ein Kirchenstreit besteht oder nicht, er jedenfalls treibt leicht in die rationalistische Richtung von Moral und Glauben.

Es ist nicht gerade schwer, mit ihm in eine Unterhaltung über Gott zu kommen. Er zeigt sich friedlich und anpassungsfähig, teils, weil er gutherzig von Natur ist und teils, weil er jede Störung vermeiden will.

Manchmal fühlt er sich sogar gedrängt, seine Meinung über religiöse Dinge zu sagen, nämlich dann, wenn er findet, daß die Leute sich vollkommen unkorrekt in der Religion verhalten. Aber nur schwer kommt man mit ihm in ein Gespräch, das tiefer geht als eine Diskussion oder Debatte über religiöse Fragen. Er scheut sich, über etwas zu reden, was sein Gewissen berühren könnte. Denn er fühlt instinktiv, daß nichts für den Seelenfrieden bedrohlicher ist, als das Gewissen sprechen zu lassen. Versucht man einmal, mit dem Phlegmatiker über Religion zu reden, erfährt man, wie geschickt er den Gesprächsgegenstand wechselt, sobald er fürchtet, sein Gewissen könnte aufgerührt werden.

Ehe der Phlegmatiker zu geistlicher Erweckung gelangt, sind große Schwierigkeiten zu überwinden. Aber Gott weiß das und kann uns allen derart begegnen, daß wir plötzlich als Bezwungene dastehen.

Die Erweckung wird beim Phlegmatiker gewöhnlich ruhiger verlaufen als bei den anderen Temperamenten. Auch hier zeigt sich seine Ausgeglichenheit. Er wird keine starken Gefühle von Kummer und Elend erleben wie der Sanguiniker. Noch wird er zu so viel quälerischer Grübelei veranlaßt wie der Melancholiker. Seine Erweckung wird nicht so dramatisch sein wie die des Cholerikers. Sie wird vergleichsweise still und unbemerkt vor sich gehen. Niemand ist so schnell bereit, ein »anonymer« Christ zu werden wie der Phlegmatiker, denn er will so wenig Aufsehen wie möglich erregen. Es ist ihm klar, daß ein offenes Bekenntnis Schwierigkeiten mit sich bringt.

Ist er jedoch endlich für Christus gewonnen, wurde sein Temperament erzogen und geläutert, so wird er ein ernster Christ. Er ist besonders dafür veranlagt, ein harmonisches christliches

Leben zu führen, zwar niemals sehr unternehmungslustig, aber doch nicht so, daß er sich vor der Arbeit drücken würde.

Er kann einen ausgezeichneten Führer abgeben. Keiner hat ein besseres Verwaltungsgeschick als er. Er beobachtet ruhig und betrachtet Menschen und Situationen leidenschaftslos. So überschaut er eine Angelegenheit leicht in ihrer Gesamtheit, versteht die Hintergründe und erkennt die Möglichkeiten für die Zukunft. Ferner hat er die Gabe, ohne das Aufsehen und Getöse des Sanguinikers, zerbrochene Beziehungen in die Hand zu nehmen und zu flicken. Er wird auch niemals beleidigend, wie es beim Choleriker gelegentlich vorkommt. Ruhig und klug setzt er seine verschiedenen Talente gerade dort für die Arbeit ein, wo man es braucht.

Jetzt, wo er zum Handeln gezwungen ist, wird sein Wirken vor allem darin bestehen, die anderen zur Arbeit zu sammeln und sie so zu führen, daß sie sich als geschlossene Einheit am gemeinsamen Werk fühlen. Für solch eine Führerschaft ist er hervorragend begabt. Sein friedliches, harmonisches Wesen macht ihn außerordentlich geeignet im Umgang mit den verschiedenartigsten Menschen. Wo eine gespaltene Persönlichkeit jede christliche Brüderlichkeit sprengen könnte, hat Heiterkeit und Gleichmut einigenden und heilenden Einfluß.

Schließlich sieht das ruhige, scharfe Auge des Phlegmatikers das Ziel, das für den Sanguiniker und Choleriker oft in zu weiter Ferne liegt. Denn diese beiden sind ziemlich »kurzsichtig«. Er hingegen kann darüber hinaus noch die Mittel erkennen, die angewendet werden müssen. Zähigkeit und Ausdauer stehen mit seiner etwas trägen Natur in Einklang. Er gibt nicht auf, bis das Ziel erreicht ist, sondern arbeitet unbeirrt weiter, auch wenn die Freunde jammern, die Gegner lächeln und scheinbar nichts vorangeht.

Sei er nun ein Führer oder nicht, der christliche Phlegmatiker ist für die Kirche sehr wertvoll. Sein Wesen ist von Klarheit und Ruhe gekennzeichnet. Er besitzt tatsächlich den »Geist der Zucht«, von dem der Apostel im zweiten Brief an Timotheus 1,7 schreibt. Er verliert niemals den Sinn für die Werte und bleibt nüchtern, wenn alle anderen geistlich berauscht sind.

Gemeinsam mit dem Melancholiker bildet der phlegmatische Christ den soliden Kern in der lebendigen Kirche. Er versucht, den ruhelosen Elementen der beiden anderen Typen das Gegengewicht zu halten — sowohl in geistlich regen, als auch in geistlich trockenen Perioden.

DIE SELBSTDISZIPLIN DES PHLEGMATIKERS

Der Phlegmatiker muß zu allererst gegen seine Gleichgültigkeit ankämpfen, denn diese Schwäche verführt ihn zu Kompromissen mit seinen Idealen. Dadurch wird er schnell mit geringen Forderungen an sich selbst zufrieden.

Diese Versuchung entsteht oft im täglichen christlichen Leben. Widersteht er ihr nicht, so endet er leicht in einer scheinbar tadellosen Ausgewogenheit, hinter der sich seine besonderen Sünden, Egoismus und Gleichgültigkeit, verbergen. Anderen Typen gelingt es nicht so leicht, den Anschein des Christseins zu erwecken, auch dann, wenn christliche Kraft und christlicher Geist fehlen. Der Kampf mit der Trägheit fällt dem Phlegmatiker nicht leicht, denn von Natur aus verabscheut er jede Art von Mühe. Außerdem verfügt er über einen erfinderischen Geist und hat schnell Entschuldigungen für seine Indolenz bereit. Wahrscheinlich wird er sich auch als Christ nicht viel ändern, wenn er nicht beginnt, seinen Willen zu trainieren und über seine Passivität Herr zu werden.

Mehr als andere muß der Phlegmatiker dem Beispiel des Apostels Paulus wortwörtlich folgen: »Ich züchtige meinen Leib und zähme ihn, daß ich nicht den anderen predige und selbst verwerflich werde« (1 Ko 9,27).

Wie es der einzelne fertig bringt, körperliche Trägheit zu meistern, muß er selbst entscheiden. Er sollte sich mit ernstem Vorsatz täglich an die Bewältigung solcher Aufgaben machen, die einem trägen Menschen besonders widerwärtig sind. Solche Praxis hilft, natürliche Faulheit zu bekämpfen und den Willen zu stärken.

Zum Beispiel sollte der Phlegmatiker jeden Morgen ein wenig früher aufstehen, als es gerade nötig ist, und dann gleich ein kaltes Bad nehmen. Ferner sollte er im Alltag daheim den anderen Dienste erweisen, die sie nicht erwarten. Selbst wenn er sich keine strengere Disziplin auferlegt als diese, wird er in kurzer Zeit körperliche und seelische Trägheit besser in die Gewalt bekommen.

Christen, welche die Wirkung dieser Übungen erleben, werden sie nie mehr aufgeben. Wie der Apostel werden sie weiterhin nach Körperbeherrschung streben. Sie fühlen, wie ihr ganzes leibliches und geistliches Leben heller wird. Die Disziplin kann dem Phlegmatiker auch im Streit gegen andere Schwächen, wie Apathie, Gefühlskälte und Mangel an Interesse helfen.

Es ist das Wesen der Liebe, daß sie ruhiger und sicherer wächst, wenn man sie übt. Beginnt der Phlegmatiker irgendeinen Liebesdienst im Alltag zu pflegen, so wird sein Herz sich nach und nach öffnen, und er wird die Nöte und Wünsche anderer mehr und mehr sehen. Dann wächst mit der Erfahrung die Freude, daß er das rein negative Vergnügen am untätigen, ungestörten Leben so weit überwunden hat. Er fühlt jetzt das reine Entzücken, andere glücklich zu machen. Aber das kostet einen harten Kampf. Oft wird er Niederlagen davontragen, denn die Anlage zur Bequemlichkeit ist stark in ihm. Selbst die Niederlagen können ihm weiter helfen. Sie werden ihn vom Gefühl der Überlegenheit befreien, einem Charakterzug, der gerade dem Phlegmatiker zu schaffen macht.

Er, der alles mit Abstand betrachtete, traf endlich auf etwas, was mächtiger war als er. Er hat Gott, den absoluten, den heiligen getroffen. Ihm kann niemand als uninteressierter Beobachter gegenüberstehen. Hier gibt es nur die Wahl zwischen Flucht und Ergebung.

Für den Phlegmatiker wird es zur Rettung, dem heiligen Gott ins Antlitz zu schauen. Vor Gottes Augen verbrennen Selbstgerechtigkeit, Rationalismus und die Kompromisse mit den Idealen.

DIE BEDEUTUNG DER TEMPERAMENTE

Es ist falsch, zu meinen, daß ein Temperament in seiner Reinform erhalten oder ausgelöscht werden sollte. Es muß vielmehr erzogen, gewandelt, geheiligt werden.

Doch ist es wie bei vielen anderen derartigen Bemühungen schwierig, wirkungsvolle Mittel zur Wandlung des Temperamentes zu finden. Manche Menschen folgen ihrer natürlichen Anlage weiter, weil sie meinen, es sei nutzlos, auf die angeborene Natur einzuwirken. Hier und da wird sogar die Heilige Schrift zur Untermauerung dieses Standpunktes herangezogen. »Kann etwa ein Mohr seine Haut ändern oder ein Panther seine Flecken?« (Jer 13,23). Wer an dieser Meinung festhält, bleibt aber auch nicht dauernd konsequent. Selbst er fühlt oft den Zwang, gegen die schlimmsten Temperamentsausbrüche anzugehen.

Andere verfallen in das entgegengesetzte Extrem, wenn sie in ihrem Wesen unglückliche und unerwünschte Züge entdecken. Jemand, der unbekümmert der Neigung eines Temperamentes folgte und dadurch so unangenehme Situationen heraufbeschworen, so tiefe Demütigungen erfahren hat, beschließt dann, diese Züge aus seiner Persönlichkeit einfach auszurotten.

Auch ein anderes Motiv kann ihn dazu veranlassen. Vielleicht hat er einen Bekannten, der durch Umformung seines Temperaments zu einer reizenden, anziehenden Persönlichkeit wurde. Nun beginnt er, diesen Freund zu bewundern und ihn sich zum Vorbild zu nehmen. Bewußt oder unbewußt ahmt er seinen Freund nach. Hat er einen starken Willen, so kann er damit einen guten, festen Charakter entwickeln.

Bestimmt leben viele Menschen mit solchen Erfahrungen und Bemühungen unter uns, und ich will den Wert dieser Charakterentwicklungen für den einzelnen, für seine Familie und die Gemeinschaft durchaus nicht leugnen.

Aber ich möchte die Aufmerksamkeit auf ein Mißverständnis lenken, unter dem solche Menschen leiden könnten. Manchmal ist der Erfolg nur ein irgendwie verbogener Charakter. Am Ende sind sie dann wirklich Menschen ohne Temperament. Sie haben ihren Charakter verbessert, indem sie die eigene Wesensart auslöschten. Der neue Charakter mag von guter Qualität sein, aber er ist nicht ihr eigener. Den haben sie durch Erziehung unterdrückt, selbst wenn sie ihn und damit sich selber dem Herrn übergaben. Denn all dies geschah durch die Nachahmung eines anderen.

Darum haftet ihrer Persönlichkeit schließlich etwas Steifes, Unnatürliches an. Wir sehen sie nicht frei, ungezwungen und glücklich. Wir werden an einen Vogel mit gestutzten Schwingen erinnert oder an ein übermäßig gegängeltes Kind, das beim Verlassen des häuslichen Kreises, sobald es unter Fremden ist, kaum ein natürliches Wort spricht, keine natürliche Stellung einnehmen oder natürliche Bewegungen machen kann.

Menschen, die ihr Temperament derartig erstickt haben, stehen unter einem beständigen Zwang. Sie haben Angst, ihre wahre Natur zu zeigen, und verlieren infolgedessen nicht nur ihre Ursprünglichkeit, sondern auch alle Warmherzigkeit. Im Umgang mit anderen haben sie etwas Formelles, Ungelöstes.

Das ist nicht gut. Der Sanguiniker müßte immer Sanguiniker bleiben. Er dürfte sich nicht dazu zwingen, den Melancholiker oder den Phlegmatiker zu imitieren. Er soll sich nicht fürchten, sein Gemüt zu zeigen, auch dann nicht, wenn er auf engstirnige Menschen trifft, die ihn nicht verstehen können. Er sollte offen reden und handeln, sogar wenn ein ausgesprochener Melancholiker zugegen ist, der an seinem Optimismus Anstoß nimmt.

Wir sollen in Rede und Tat, in Spiel und Arbeit wie in der Ruhe frei unserem Temperament folgen. Nur jene Charakteranlagen müssen wir zu ändern versuchen, die unserem Leben mit Gott im Wege stehen und unserem Nächsten oder uns selbst schaden.

Bei der Übung und Erziehung des Temperamentes dürfen wir nie vergessen, daß keiner von uns ein reines, ungemischtes Temperament besitzt. Für jeden Menschen ergeben sich unzählige Möglichkeiten des Zusammenspiels aller Temperamente, wobei allerdings immer eines vorherrscht.

Nehmen wir an, ein Melancholiker hätte eine Spur cholerischer Art geerbt. Folgt er nur seiner natürlichen Neigung, wird die Melancholie überwiegen. Wenn er aber mit Willen und Verstand die unangenehmen Äußerungen dieses Temperaments unterdrückt, so kann sich der cholerische Zug, der ja auch ein Teil seiner Natur ist, besser durchsetzen. Dadurch wird seine Melancholie gezügelt, ohne daß er seine Natürlichkeit verliert.

Ein gesundes Mittel der Disziplin besteht also darin, die Temperamente gegeneinander abzustimmen. Dann wirken sie zusammen, und ein wohlausgewogenes Naturell ist das Ergebnis.

Das Leben ist kompliziert. Auch in der Beziehung der verschiedenen Temperamente untereinander liegen Schwierigkeiten und Gefahren.

Wir mißverstehen einander, wir mißdeuten die Manieren, Worte und Taten der Mitmenschen, denn wir beurteilen die anderen von unserem Standpunkt aus, statt von dem ihrigen. Wir sehen die Beweggründe nicht klar genug, die andere veranlaßten, so oder so zu handeln. Dabei sind die Temperamentsunterschiede die hauptsächlichen Ursachen für Mißverständnisse.

Beurteilt der Melancholiker Menschen anderer Temperamente von seinem eigenen Standpunkt aus, so schreibt er ihnen vielleicht Motive zu, die sie in Wirklichkeit gar nicht haben. Er betrachtet die bemerkenswerten Schwankungen und plötzlichen Verhaltensänderungen des Sanguinikers als Charaktermängel. Er wird zu sich selbst sagen: Hätte ich so gehandelt, müßte ich mich charakterlos nennen.

Der Sanguiniker hält den Melancholiker für bockig und mürrisch. Er meint: Wenn ich so lange schweigen wollte wie er, dann müßte man mich schon beleidigt haben.

Erst wenn wir das Temperament eines Menschen verstehen gelernt haben, können wir ihm gerecht werden. Dann fallen unsere Gedanken und Worte weniger hart aus, und unser Umgang mit ihm wird leichter.

Natürlich meine ich hiermit nicht, wir sollten etwas wirklich Böses übersehen und entschuldigen. Aber die Kenntnis der Temperamente wird uns helfen, recht zu unterscheiden, ob sich böser Wille oder einfach ein Naturell äußert, das anders ist als das unsere.

Gleichzeitig kann solche Kenntnis uns auch helfen, das wirklich Böse in anderen brüderlicher zu beurteilen, weil wir einsehen, daß sie Versuchungen ausgesetzt sind, die uns selbst nur wenig zusetzen. Der Phlegmatiker wird dabei entdecken, daß Sanguiniker und Choleriker ihre Ruhe nur deshalb verlieren, weil ihre Anlage es so will — etwas, was ihm selbst nicht passieren könnte. Sanguiniker und Choleriker hingegen entdecken, daß der Melancholiker schnell mißtrauisch und dickköpfig wird, weil das in seiner Natur liegt — und das ist wiederum etwas, was ihnen nicht passiert.

Das Temperament bleibt ein Stück unserer Persönlichkeit von der Wiege bis zum Grabe.

Gewiß ändert es sich mit jedem Lebensabschnitt — Kindheit, Jugend, Alter und Reife — bis zu einem gewissen Grade. Und doch wird das angeborene Temperament, das sich auch in der selbstverständlichen Mischung mit den anderen Temperamenten immer durchsetzen wird, niemals völlig ausgelöscht. Es bleibt durch das ganze Leben ein Teil des Individuums.

Warum haben wir die verschiedenen Temperamente?

Das Temperament prägt uns als Persönlichkeit und unterscheidet uns von allen anderen Menschen. Dieser individuelle Unterschied ist ein festgelegter Teil von Gottes Plan. Er macht das Leben mannigfaltig und reich in allen seinen Beziehungen — in der Ehe, im Familienleben, in Freundschaft, Gemeinschaft und im Kreis der Christen. Indem sich die verschiedenen Temperamente ergänzen und gegeneinander wirken, bekommt das Menschenleben mehr Schönheit und Fülle. Selbst in der Weltgeschichte hat jedes seinen besonderen Platz, trägt jedes seinen Anteil zum Ganzen bei. Vom Altertum bis heute sieht man die ideale Funktion der Temperamente folgendermaßen:

Der Melancholiker ist der tiefe, geniale Lehrer, der als Autor oder Philosoph oft große Gedanken fassen und darbieten kann. Doch fehlt ihm die Willenskraft, seine Ideen im Leben zu verwirklichen.

Der Sanguiniker wird von den Ideen augenblicklich begeistert, er verbreitet sie in Wort und Schrift. Als glänzender Werber macht er sie populär und bringt sie unter die Leute, aber auch er kann sie nicht praktisch ausführen.

Der Choleriker jedoch setzt seinen energischen Willen und seinen praktischen Verstand ein, um die Gedanken in die Tat umzusetzen. Hinge der Erfolg nur von der Willenskraft ab, müßte ihm das gelingen. Doch sein Geist ist zu begrenzt, seine Ziele sind zu eng gesteckt und zu sehr mit seinem persönlichen Streben verbunden. Deshalb übernimmt er sich, wenn er an große Probleme herantritt.

So ist es der Phlegmatiker mit seinem klaren, durchdringenden Intellekt, seinem Gleichmut und seiner unnachgiebigen Ausdauer, der die Angelegenheit zum glücklichen Abschluß bringt.

Sonderbar, daß der nachdenkliche, unpraktische Melancholiker die wichtigen Werke konzipiert und der ruhige, träge Phlegmatiker die Schwierigkeiten löst, wenn die anderen aufgegeben haben. Dies ist offensichtlich der Grund dafür, daß die größten Staatsmänner und Führer Phlegmatiker, aber viele der großen Philosophen, Schriftsteller und Künstler Melancholiker waren.

Alles wurde zu Gottes Verherrlichung geschaffen. Auch die Temperamente. Sie sind ein Teil des reichen, farbigen Lebens, aus dem sich einst, wenn alles erfüllt ist, das Reich Gottes aufbauen wird.

Wie die Sterne am Himmel in allen Farben des Regenbogens funkeln, wie der Tautropfen die Morgensonne in allen möglichen Tönen reflektiert, wie die Vögel unsere Wälder mit ihrem vielstimmigen Gesang erfüllen, wie die Blumen die Vielfalt aller Formen und Farben darbieten, so auch der Mensch — mit jeder nur vorstellbaren Art und Form, Farbe und Klangart soll das persönliche Leben des Menschen — der höchsten Lebensform — die Erde erfüllen.

Wohl ist jetzt noch alles von der Sünde überschattet. Die meisten von uns bringen es nur zu einer Karikatur unseres Ideals. Aber Gott geht mit seiner Erlösungskraft durch die Generationen. Und das Heil wird alles zur Vollendung führen, was diese Sünde an Leib und Seele verdorben oder zerstört hat, wenn wir ihm nur den Eintritt in unser Leben gestatten.

Dann wird auch unser Temperament geläutert sein. Auf der neuen Erde, unter dem neuen Himmel werden die Geretteten die Herrlichkeit ihres Schöpfers widerspiegeln. Sie werden keine genauen Kopien voneinander sein, sondern als unendlich vielgestaltete Menge Gottes reiche Schöpfung durch die Ewigkeit preisen.

Dann wird das göttliche Meisterstück vollendet sein: Der Chor der Erlösten aller Zeiten wird sich zum Preis seiner Herrlichkeit in vollkommener Harmonie vereinigen.

Zwei Bücher von Bruce Larson

Erlösung steckt an
Möglichkeiten zur Seelsorge im Alltag

Deutsch von Dr. Eberhard Gauhe
88 Seiten, Paperback, ABCteam Band 15

Der Autor beschreibt anhand vieler Beispiele wie und wo Gott unser Leben ändern will, damit wir als Christen fähig werden, auf die Nöte und Bedürfnisse unserer Mitmenschen einzugehen. Larson zeigt uns, wo wir unsere Verhaltensweisen unseren Nächsten gegenüber ändern müssen, wenn wir nicht ein Hemmschuh für sie, sondern echte Mitmenschen werden wollen, die mit-leiden, mit-erleben, mit-tragen und sich mit-freuen.

An jedes Kapitel schließen sich Fragen an, die allein oder im Gruppengespräch beantwortet werden können.

Unterwegs zu neuen Zielen
Erweckung im Leben des einzelnen, der Familie, der Gemeinde

Deutsch von Grit Körner
80 Seiten, Paperback

Immer wieder wird in christlichen Kreisen von Erweckung gesprochen. Larson nennt als Grundvoraussetzung dafür die Bereitschaft, sicheren Boden und liebgewordene Gewohnheiten aufzugeben und mit Gott in Neuland vorzustoßen. In praktischen, erfrischend humorvollen Kapiteln zeigt der Verfasser, welche neuen Perspektiven sich dadurch in Ehe, Familie, Berufs- und Gemeindeleben ergeben.

R. BROCKHAUS VERLAG · WUPPERTAL